中国应急产业发展模式及技术创新路径

刘嘉 著

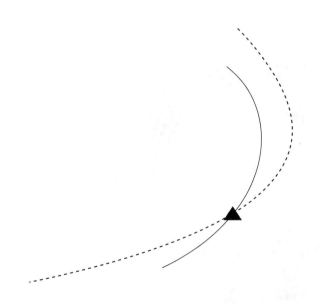

武汉大学出版社

图书在版编目(CIP)数据

中国应急产业发展模式及技术创新路径/刘嘉著.—武汉:武汉大学出版社,2022.12

ISBN 978-7-307-16613-4

Ⅰ.中…　Ⅱ.刘…　Ⅲ.产业发展—研究—中国　Ⅳ.F124

中国版本图书馆 CIP 数据核字(2017)第 259512 号

责任编辑:黄金涛　　　责任校对:李孟潇　　　版式设计:马　佳

出版发行:**武汉大学出版社**　　(430072　武昌　珞珈山)

(电子邮箱:cbs22@ whu.edu.cn　网址:www.wdp.com.cn)

印刷:武汉中科兴业印务有限公司

开本:720×1000　　1/16　　印张:14.25　　字数:203 千字　　插页:1

版次:2022 年 12 月第 1 版　　2022 年 12 月第 1 次印刷

ISBN 978-7-307-16613-4　　　定价:29.80 元

前　　言

当前，中国正处在工业化、信息化和城镇化的关键时期，对自然灾害、事故灾难、公共卫生事件和社会安全事件等各类突发事件的有效应对提出了很高的要求。突发事件的应对必须有大量的应急物资和应急服务作为支撑。这些现实的社会需求和政府的政策引导促使应急产业作为一个新兴产业在近几年内迅速地发展。应急产业是为突发事件预防与应急准备、监测与预警、处置与救援提供专用产品和服务的产业。事实上，部分国家的应急产业已经成为继金融、保险、电信之后的第四大产业。

2014 年 12 月，国务院颁发了《国务院办公厅关于加快应急产业发展的意见》(国办发〔2014〕63 号)，该文件提出了国家层面上发展应急产业的基本目标和措施。为了贯彻该文件以及《国家突发事件应急体系建设"十三五"规划》的要求，国家工信部于 2017 年 7 月颁布了《应急产业培育与发展行动计划(2017—2019)》(工信部运行〔2017〕153 号)，进一步明确了 2017—2019 年中国应急产业培育和发展的重点任务。在此基础上，全国各个省、直辖市也相继出台了推动地方应急产业发展的政策。由此，应急产业的发展已经成为理论研究和社会实践的热点。

本书的导论部分对应急产业领域的相关文献进行可视化分析，给出该领域目前研究的主要类别、具有代表性的作者，以及研究前沿等。第 1 部分阐述截止 2017 年中国应急产业的总体发展现状及相关政策，其中包括应急产业的内涵和特征，主要省、直辖市应急产业发展现状，以及国家和地方层面应急产业的相关政策。第 2 部分介绍新形势下的中国应急产业发展模式，其中包括应急产品和服务的"四化"发展模式，地方应急产业的结构完善规划，"互联网+"应急产业的新格局，以及应急产业绿色发展的概要。第 3 部分介绍监测预警类、预防防护类、救援处置类、应急服务类应急企业关键技术的发展现状及不足。第 4 部分基于这些不足给出中国应急产业的技术创新路径。第 5 部分提出中国应急产业发展和技术创新的政策建议，包括发展科学技术研究方面和促进应急企业创新方面的政策建议。

本书是国家自然科学基金项目（72071212、71603284）、湖北省高等学校哲学社会科学研究重大项目（省社科基金前期资助项目，21ZD014），湖北省科技计划软科学研究项目（2016ADC106）的研究成果。中南财经政法大学的白晋宇、王琦、卜越、刘冉、秦旭倩、石景萱、龚莉、郭莹莹、李晶、张弯弯、黄敏等同学参与了本课题的研究，并在著者的指导下参与撰写了本书的部分内容，在此对他们表示感谢。

刘嘉

目　　录

导论

应急产业领域研究的可视化分析

导论1 数据统计和方法

导论1.1 数据来源

当下，各种各样的突发事件时有发生。事件发生之后，各行业各部门如何能够快速采取最妥当的处置措施把损失降到最低已成为国家和领域内专家关注的重点。随着国家有关部门的高度重视以及人民安全意识的不断提高和对应急需求的不断增加，应急产业及其相关领域已经成为迎合时代发展需求的新兴产业。

本章旨在找出应急产业的研究现状以及未来的发展方向。由于本领域具有较强的实时性，所以发表时间太早的文献不具有参考价值。因此，本章通过检索中国知网数据库选取下载了近10年相关领域的文献数据加以分析。具体的检索条件如下：

主题＝"应急产业"或者"应急产品"或者"应急服务"

时间＝"2010年1月1日—2019年10月1日"

通过上述搜索条件，本章共计获得了1608篇文章的完整数据，得到了应急产业相关领域对应年份的文献发表数量，如图1所示。

由图1可知，应急产业相关领域每年发表的文献数量有所波动，但起伏不大。自2012年开始，该领域的发文数量整体趋于平稳，年均发文量在175篇上下浮动。值得注意的是在2015年，领域内的发文数量显著增加，是首次也是迄今为止唯一一次发文数量突破200篇的年份。表明了在这一年，领域内的相关研究引起了学界的关注并受到了专家学者的重视。

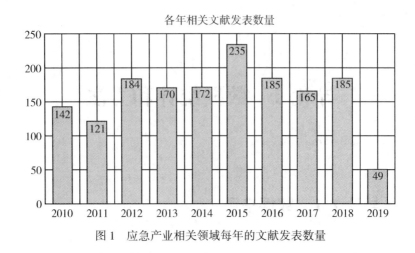

图 1　应急产业相关领域每年的文献发表数量

此外，本章将提取到的原始数据导入 CiteSpace 进行数据的预处理工作，得到了本章后面部分做分析时所使用的数据。

导论 1.2　基于 CiteSpace 的文献计量方法简介

CiteSpace 是由 Chaomei Chen 博士开发的一个 Java 应用程序，用于分析和可视化科学文献中的新兴趋势和变化。它可以产生由节点和链接组成的共引文件网络，创建的节点可以显示文章，作者，术语，关键字等，创建的链接可以表示它们之间的共引或共现。因此，本章选择 CiteSpace 作为研究中的辅助分析工具。

本章使用 CiteSpase 对应急产业相关领域的关键词进行共现分析，对相关研究的作者和机构进行合作网络分析，其目的是探究应急产业及其相关研究领域的现状和研究前沿，并讨论出该领域新兴的发展趋势。

导论 2 数据可视化分析及结果

导论 2.1 基础合作网络分析

对应急产业及其相关研究领域内的作者进行分析，可以很好的反应出该领域内学者的活跃情况，对分析领域内的研究现状有一定的指导作用。表 1 列出了 10 位作者，其发文数量在所有作者中排名前 10 位。

表 1   应急产业相关研究领域发文数量前 10 位的作者

作者	文献数量（篇）	占总文献数量的百分比	工作单位
刘春年	8	0.498	南昌大学信息管理系
何新华	7	0.435	上海海事大学经济管理学院
缪旭明	6	0.373	中国气象局
胡文发	5	0.311	同济大学经济与管理学院
郑立新	5	0.311	工业和信息化部运行监测协调局
莫于川	5	0.311	中国人民大学法学院
魏际刚	5	0.311	国务院发展研究中心产业经济研究部
陈维锋	4	0.249	四川省地震局
肖花	4	0.249	江西农业大学图书馆
吴加琪	4	0.249	南京信息工程大学档案馆

由表1可知，在应急产业研究领域中，各专家学者的文章数量不是很多。其中，发文量最多的作者是南昌大学信息管理系的刘春年（2015，2017），在相关研究领域发表了8篇出版物。其次是上海海事大学经济管理学院的何新华（2014，2017），期出版物发表了7篇。还有中国气象局的缪旭明（2011），同济大学经济与管理学院的胡文发（2015），工业和信息化部运行监测协调局的郑立新（2016），中国人民大学法学院的莫于川（2011）以及国务院发展研究中心产业经济研究部的魏际刚（2018）等学者都在应急产业领域做了相关研究。但通过分析可知目前学者的科研合作关系较少，没有一个较为系统的合作团队，因此，本章着手于对研究机构进行分析，以期获得更多合作研究的关系，得到了发文数量排名前10的科研机构如表2所示。

表2　应急产业相关研究领域发文数量前10位的科研机构

机构名称	文献数量（篇）	占总文献数量的百分比	初始发表年份
工业和信息化部运行监测协调局	47	2.923	2010
南昌大学管理学院	12	0.746	2015
上海智慧应急产业联盟	10	0.622	2017
中国人民大学法学院	10	0.622	2010
中国地震台网中心	5	0.311	2011
南昌大学信息管理系	5	0.311	2015
上海师范大学地理系	4	0.249	2018
南昌大学管理学院教授委员会	4	0.249	2015
华东师范大学地理信息科学教育部重点实验室	4	0.249	2018
上海海事大学经济管理学院	4	0.249	2011

由表2可知，工业和信息化部运行监测协调局在合作网络中占

突出地位，表明了在该单位在应急产业相关领域开展的相关研究数量较多，但与其他科研机构的合作研究几乎没有。其次是上海智慧应急产业联盟和中国人民大学大学院的相关研究成果为我国应急产业体系的构建做出了突出贡献。结合表 1 和表 2 的信息综合判断可知，上海师范大学地理系、华东师范大学地理科学学院和华东师范大学地理信息科学教育部重点实验室有较强的合作关联；南昌大学管理学院、南昌大学信息管理系、南昌大学学术委员会以及南昌大学管理学院教授委员会在本章领域也有很深的合作。此外通过调查可以得到，包括上海海事大学经济管理学院、上海海事大学交通运输学院以及河南理工大学应急管理学院和河南理工大学安全与应急管理研究中心在内的多个科研机构都在应急产业相关研究领域展开合作。由此可以看出我国应急产业的研究主要集中在上海，江西，北京等高校与工业和信息化部的专职部门内，在社会学术机构和社会团体中尚未展开较多研究。

导论 2.2 关键词共现网络分析

由于关键词提供了文章核心内容的信息，所以关键词共现网络可以用来分析领域内相关主题的研究并根据对应结果推断出相关研究前沿。本章使用 CiteSpace 对 2010 年 1 月至 2019 年 10 月期间发表的领域内的相关文章的关键词进行共现分析，得到简化合并后的网络由 238 个节点组成。每个节点都分别对应着一个关键词，每个节点的大小与相应关键词的共现频率成正比。每个节点都有一系列的"十"字时间切片序列组成。颜色谱表示关键字之间的时间顺序：最古老的是蓝色，最新的是红色。应急产业研究领域关键词共现网络如图 2 所示。

图 2 中，出现最高频次的关键词是"应急管理"，共出现了 176次，排名第二的关键词是"突发事件"，它一共出现了 94 次。其他高频率关键词包括"应急服务"（82）、"应急救援"（60）、"应急预案"（51）、"应急响应"（44）、"应急处置"（40）和"应急物流"

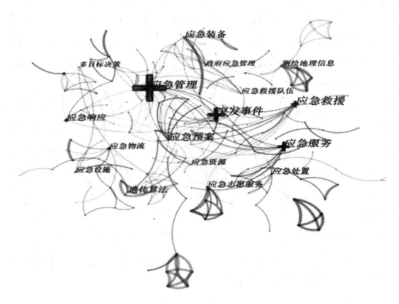

图 2　应急产业相关领域关键词共现网络

（35），上述关键词均出现超过 30 次。仔细分析上述关键词可知，目前关于应急产业领域的研究主要围绕突发事件的预防与准备、响应、处置和救援、后期服务 4 个方面展开，这其中涉及到到政府，企业和个人等多个主体。除此之外，关键词网络图中还出现了"遗传算法"和"多目标决策"这两个关键词，说明了计算机智能算法与运筹学等相关领域的科研成果与技术已经在应急产业领域得到了运用和发展。但由于特殊情况和不稳定因素的发生和存在，应急产业相关领域目前仍然有较多的问题需要深入探讨。因此，各国专家学者也都在该领域内继续做着更深入的研究和补充。

　　此外，本章对该研究领域的上述主要关键词进行聚类，这些聚类由其自身的引用所标记。从图 2 中可以发现该网络被分为 10 个共引用簇。本章为了表示在进行关键词聚类时发生不确定性程度的大小，引入了剪影度这一参数。剪影度数值的变化范围是 [−1，1]，其中，1 代表一个聚类与其他聚类之间的界限分明。根据剪影度的定义，当其值为[0.7，1]时表示该聚类是高效且没有争议的，而在[0.5，0.7)时一般被认为是合理的。

本章总结了上述集群的群聚数量、剪影值以及主要发展的年份，如表 2 所示：

表 3 　　　　　　　　应急产业相关研究领域关键词聚类

聚类	标识词	容量	剪影度	主要发展年份
0	应急管理	54	0.879	2011
1	应急救援	45	0.753	2011
2	应急志愿服务	41	0.842	2012
3	应急物资	34	0.795	2011
4	产业联盟	33	0.755	2012
5	应急预案体系	33	0.844	2013
6	测绘地理信息	26	0.887	2010
7	应急通信	17	0.92	2012
8	地震应急	16	0.999	2011
9	盲点	13	1	2012

结合图 2 和表 3，从聚类结果来看排在首位的聚类关键词被标识为"应急管理"，共有 54 个节点，剪影度为 0.879，表明该聚类与其他聚类之间的区分效果很好，证明了应急管理是目前专家学者探究的重点领域。排在第二位的聚类关键词被标识为"应急救援"，包含 45 个节点，剪影度为 0.753，这是整个关键词聚类中剪影度值最低的，但仍然超过了 0.7，这说明整个聚类过程高效且十分合理。其次是"应急志愿服务"、"应急物资"、"应急预案体系"等与应急过程直接相关的标识词。在所有的标识词中，值得说明的是聚类 9"盲点"的剪影度值达到了 1，这表明该聚类与其他聚类之间界限分明，即这是应急产业及其相关该领域内鲜有涉及的问题，且目前与其他相关领域的研究几乎没有交叉。通过进一步探究可知，王

铮等(2015)在《应急影响逻辑流程构建及其应用研究》一文中正式将盲点这一概念与应急产业相关联，而在后续的相关研究过程中，也只有极少数学者将二者进行关联研究。

此外，为了阐明这10个集群的发展路径情况，本章使用了一种以节点大小和簇颜色变化为途径的共引时间线的可视化方法，按时间顺序排列，阐述了各聚类中重要关键词的顺序和应急产业相关领域研究的宏观结构演变。根据每个群集中包含的引用数量，以升序标记群集号，即群集具有的引用越多，排名就越高。分析结果如图3所示。

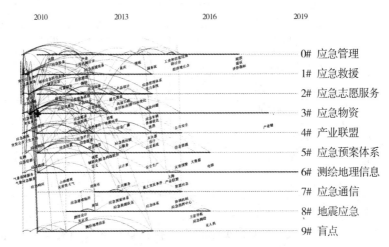

图3 应急产业相关研究领域关键词共现时间线视图

结合表3和图3的相关信息可知，如"应急管理"、"应急救援"、"应急志愿服务"等关键研究方向从应急产业相关领域发展的初期就开始产生，并持续了一段时间。其中，关于"测绘地理信息"的研究一直持续到现在，证明该研究方向是应急产业研究领域的重点和热点问题。"应急通信"领域的研究起步较晚，相关研究爆发过一段时间，但很快就停止了，这是通信领域的研究渐渐与大数据，智慧应急等领域研究融合的结果。此外，应急产业相关研究领域的深度和广度也在逐渐增加，并逐渐与计算机科学、地理学等其它科学研究领域相互渗透，形成交叉。

导论 2.3　关键词爆发分析

为了更好地了解和解释应急产业研究发展的最新动态和相关趋势，本章利用数据集中的突发关键词作为新兴趋势的指标。图 4 显示了应急产业研究领域中数据集中爆发排名前 10 位的关键词。

Top 10 Keywords with the Strongest Citation Bursts

Keyworks	Year	Strength	Begin	Begin	2010—2019
应急管理	2010	2.4342	2010	2013	
智慧应急	2010	5.4777	2015	2019	
应急物资	2010	2.4367	2015	2016	
产业联盟	2010	19.2774	2015	2019	
应急志愿服务	2010	2.7462	2015	2017	
应急联动	2010	2.4367	2015	2016	
应急处置	2010	3.433	2015	2016	
应急预案体系	2010	2.9116	2016	2019	
卫星通信	2010	6.8312	2016	2019	
应急广播	2010	3.7304	2017	2019	

图 4　在应急产业研究领域中爆发性最强的前 13 个关键词

根据图 4 列出的爆发关键词可知，应急产业相关领域的研究从 2010 年开始出现了"应急管理"等关键词的爆发，这也是该领域研究最基础最关键的部分，专家学者主要从宏观角度开始思考应急产业领域的一些问题。随后，从 2015 年起到 2019 年出现的突发关键词包括"智慧应急"、"产业联盟"、"应急志愿服务"、"应急处置"和"应急广播"等。这表明了行业内专家学者的研究已经不限于宏观角度的探究，而越来越关注于行业内与产业间相互作用的研究，进而不断完善和补充了应急产业的产品和服务。

第 1 章

中国应急产业总体现状及相关政策分析

1.1 应急产业的内涵及特征

1.1.1 应急产业的定义及产品分类

"应急产业"目前在国际上的研究尚刚刚起步，对于其名称也有各种表述方式，如"emergency management"、"emergency response technology industry"。在国内，应急产业还是一个新概念，它第一次被正式提及是在 2007 年 11 月，此后国家各有关部门也陆续发布了各类相关文件。无论在学术领域还是现实生活中，对应急产业的理论探索与实践工作都处于起步阶段，没有提出过统一、权威定义，但都有一些相关联的概念，比如"公共安全产业"、"应急救援产业"、"紧急救援产业"等，依据作者各自的理解角度，其对应急产业的解释也不尽相同。

随着中央与地方各级政府对应急产业的重视，专家、学者们从更为全面的角度对应急产业的概念进行了界定。佘廉(2011)等认为应急产业是以满足政府与人民的安全需求为目标的经济活动集合体，既包括企业等组织，也包括其从事经济活动的结果，也就是具有应急功能的产品与服务。闪淳昌(2011)提到应急产业是为了有效应对各类突发事件的发生，保障人民生命健康和财产安全、维护社会秩序而从事研发、生产、销售和提供各种相应服务的部门单位与社会组织的集合体。魏际刚(2012)将应急产业的定义分为狭义和广义两种，出于对支撑其发展的各类传统产业之间存在交叉渗透的考虑，采用了其广义概念，即"在各类突发公共事件及其他一些威胁到生命财产安全等不确定性事件发生的各个阶段，运用相关技术、信息、设备等手段为应急工作提供相关产品及服务的各类社会经济组织集合。"郑胜利（2010）将应急产业定义为对威胁社会公众生命健康和财产安全以及各类突发公共事件进行事前、事中、事后各阶段活动的相关产品及服务的集合体。2014 年 12 月，在国务院办公厅发布的《国务院办公厅关于加快应急产业发展的意见（国办发〔2014〕63 号）》（简称《意见》）中将应急产业定义为"为突发事件的预防准备、监测预警、处置救援提供专业产品和服务的产业"。

在《意见》中，应急产业的定义是"为突发事件预防与应急准备、监测与预警、处置与救援提供专用产品和服务的产业"。本书对应急产业的界定将以此定义为准。关于应急产业的产品类别，目前有如下几种划分方式：

（1）邹积亮（2012）认为由于涉及公共安全需求的应急产品与服务种类十分庞杂，为避免应急产业泛化，不应将那些原本归属于相关产业的产品与服务归纳到应急产业范畴。按照使用对象的不同，他将应急产品分为三类：适用于各级政府部门的应急指挥平台系统等；适用于专业救援队伍的各类预警、防护、救援处置的装备设施；适用于公共场合与家庭的应急照明、通讯、医疗、逃生等基本自救产品。按照供应主体和服务性质的差异可将应急服务分为：非专业救援组织及专业救援企业提供的专业化应急服务、应急教育培训、应急咨询服务。

（2）国务院应急办在关于我国应急产业装备的调研报告中，依据作用关系提出了对应急产品分类的构想，如表 1-1 所示。

表 1-1　　　　　　　　国务院应急办的应急产品分类

流程 类别	预　防	准　备	预　警	响　应	恢　复
专用	防疫药品	救灾储备	警报设备	应急灯、 生命探测仪	救灾专用道路
兼用	检测性装置	医疗救护	监控系统	警用装备	帐篷
关联	信息平台	食品储备	食品检测仪	普通挖掘机	食品

按照专用、兼用、关联的划分方式建立相应的行业监管机制，调查行业发展现状，摸清其需求潜力，明确产业发展目标，在此基础上分门别类、细致具体地制定公共政策，完善相关组织机构，明确各部门职责。如专用类产品，除了用于紧急事务的救援工作外，在常规时期基本上无其他用途，它是应急产业的关键核心产品，发展应急产业必须以这类产品的研发制造为重点，可由政府直接投入生产，或是政府通过制定税收减免、经济补贴、政府购买等相关政策鼓励企业进行研发生产。兼用类产品既可用于应急领域也可用于常态领域，可由政府主导制定目标并筹划，同时结合市场导向，平时进行累积，需要时进行采购。关联类产品是将前两类产品结合在一起的中介方，主要为公共安全提供基本服务，尤其是软环境方面，具体表现为动员社会力量，一方面保持市场供给，另一方面辅之以能力储备，在紧急情况下由政府统筹安排。

（3）魏际刚(2012)根据产业形态的不同，将应急产业划分为：应急服务业、应急制造业、应急软件业、应急产品经销产业，其中应急软件业是指为应急产业生产与服务提供相关软件开发的企业，产品经销产业是指对应急产品进行管理与出售的企业。此外，他还根据应急产品所针对应急环节的不同，将应急产业分为预防性、功能性、后续或相关性和综合性四类。

（4）国家工化部和发改委印发的《指导目录(2015年)》中将应急产品和服务划分为四个领域，如表1-2所示。

表1-2　国家工化部和发改委的应急产业重点产品和服务分类

类　别	相关产品和服务
监测预警	自然灾害监测预警产品；事故灾难监测预警产品；公共卫生事件监测预警产品；社会安全事件监测预警产品等
预防防护	个体防护产品；设备设施防护产品；火灾防护产品；其他防护产品(耐火电缆及光缆等)
救援处置	应急救援产品；应急运输产品；应急救护产品；应急通信产品等
应急服务	事前预防服务；社会化救援；其他应急服务(灾害保险等)

以上几种分类方式分别从不同角度对应急产业进行了划分，为了便于进一步完善应急产业的相关政策，本书更倾向于以《应急产业重点产品和服务指导目录》为参考依据，按照作用关系来进行分类。具体说来，应急产业不仅提供具体应急产品，而且提供应急服务。其中，应急产品又包括监测预警产品、预防防护产品和救援处置产品三大类。

1.1.2　应急产业的特征

与常规产业相比，应急产业有其自身的特性：

（1）广泛性。突发事件发生的多样性，使应急产业的涉及范围十分广泛。根据地理分布的不同可分为国际和国内应急需求，而国内应急需求又分为省内和跨省应急需求；按照应急管理阶段的不同可划分为事前、事中、事后以及全方位的应急需求；而从需求对象来看，大到政府、企业，小到家庭、个人都有可能产生应急需求。

（2）刚性。在各类突发公共事件及其他威胁到人民生命财产安全的事件发生时，对应急产品和服务的使用是不可缺少的，属于刚性需求。

（3）时效性。"不用不急，用则急需"是应急产品的特性，其需求主要伴随着突发事件的发生，要求在第一时间内保证应急产品与服务的充分供给，否则会造成不可估量的损失。

（4）社会公共性。应急产品与服务以满足社会公共安全需求为首要目的，在突发事件应急工作的各个阶段都有重要作用，使用时具有非排他性，其产品供应也不完全由市场决定，而是依靠政府引导，具有准公共产品属性。

（5）综合性。应急产业同国民经济各个行业有着密切关系，它既脱胎于传统产业，又服务于各行各业，产业的关联性大、覆盖范围广、渗透性强，有极强的带动效应。

（6）可转换性。应急产业中兼用类产品的特点就是"平时民用，急时征用"，比如普通的医疗用品、照明装置、通讯设备、帐篷、食品等，在常态下可以为民服务，在紧急情况下又可迅速转换为应急产品和服务。

(7)高风险性。专用类应急产品，尤其是某些大型应急救援设备的生产具有前置性，并且其需求是不确定的。突发事件一旦发生会产生即时需求，但是对于企业而言，其前期进行产品的研发生产时，对其技术设备有较高要求，需要支付很高的生产成本，而产品生产出来后在常态下是用不上的，只能搁置，对企业的生产管理和销售经营会造成一定的压力，具有较大的风险性。

1.2 主要省、直辖市应急产业发展现状

1.2.1 应急产业基地的对比

应急产业基地是集群的由政府或民间机构筹办的与应急产业相关的经济体,在推动区域经济增长方面具有重要作用,是应急产业发展的基础。各省市以应急产业基地为中心进行产业发展,具有广泛的辐射效果。

北京市、河北省、安徽省、湖北省、广东省为应急产业基地建设较好的省和直辖市。例如 2015 年,中关村科技园区丰台园、河北怀安工业园区、烟台经济技术开发区、合肥高新技术产业开发区、随州市国家经济技术开发区、中海信创新产业城等单位成立了首批国家应急产业示范基地,而广东省的应急企业近 61%分布在珠三角地区,已初具集群效应。相比之下,辽宁省、吉林省、山西省的应急产业基地建设稍滞后于其他省市,省政府拟采取相应的政策促进产业基地的形成。其中,辽宁省的沈抚新城正在筹建应急培训中心和应急产品体验城,向建成国家级应急产业示范基地的目标迈进,而吉林省与山西省计划吸收一批省内外中小型应急企业以筹建应急产业基地。

各个省市的应急基地中应急企业成分有所差异。陕西省的应急产业基地主要由生产消防和煤矿类应急产品的企业组成,北京市应急产业的产品大多数为处置救援类。而不同的成分结构决定了各省市应急产业的不同发展方向。各省市结合本省市的地理特征和应急

产业发展状况制定了相应的产业发展目标。例如烟台经济技术开发区利用烟台为对外港口的优势，深入钻研海上应急技术，对外进行广泛贸易活动，使得其年产值能够远超其他省市应急产业基地。各省市应急产业基地建设的对比情况如表 1-3 所示。

表 1-3　　　　　　　各省市应急产业基地建设对比

省、市	主要基地名称	建设状况	类型
北京	中关村科技园区丰台园	高新产业基地、总部产业基地 与孵化基地结合	救援服务
河北	河北怀安工业园区	产、学、研、储、用的多功能基础性平台	公共安全与应急孵化
山东	烟台经济技术开发区海上应急产业示范基地	生产海洋环境智能巡检机器人、海上救生装备制造、深水下潜救生装备等应急产品	海上应急
安徽	合肥高新技术产业开发区	安徽省最大的高新技术产业化基地，已形成电子信息、光机电一体化、生物工程与新医药以及新材料等四大高新技术产业	公共安全应急
湖北	随州市国家经济技术开发区	投资破 300 亿	应急专汽
深圳	中海信创新产业城	产业服务体系完善	物联网应急
湖南	涟源经开区应急产业基地	囊括机械铸造、起重设备、挖掘设备、提升设备、矿灯设备、防爆设备、中药防疫药品等应急特色产品	煤机生产应急

1.2.2　应急产业规模的对比

应急产业是由一批应急企业组成的规模性经济体，各个省市的应急产业规模大小不一，如图 1-1 所示。

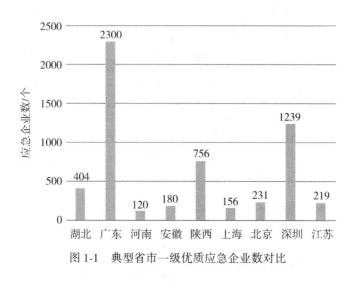

图 1-1　典型省市一级优质应急企业数对比

从数量上看，在 9 个省中，广东省的应急企业数目是最大的。陕西省的应急企业数目次之。根据各省市的应急企业数与省市 GDP 的散点图（图 1-2）可知，应急企业数目对省市的三季度 GDP 的贡献有所不同，江苏省的前三季度 GDP 为 55281.5 亿元，与广东省基本持平，但是江苏省的一级优质应急企业数目远远低于广东省，说明江苏省的应急产业在省内 GDP 所占比重不大，还需要江苏省政府的帮扶，而广东省在全省经济发展良好的同时，应急企业数目高居全国第一，联系到广东省是全国省市中最早提出发展应急产业的省市，可以看出广东省的应急产业基本发展成熟。湖北省的应急产业数目较多，但是对湖北省的 GDP 贡献不大，说明湖北省的应急企业大多数不是大型企业，且湖北省的应急产业刚刚开始发展。结合湖北省政府的政策与湖北省处于长江流域的优势地理环境，可知湖北省的应急产业具有较大发展潜力，湖北省可与周围各省签订协议、共建信息平台、引进省外企业，以促进湖北省本土应急产业的发展。

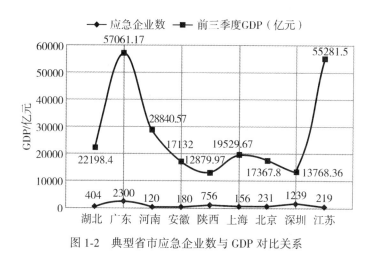

图 1-2 典型省市应急企业数与 GDP 对比关系

1.2.3 应急产业结构的对比

《意见》在国家层面上提出了四个重点发展方向：监测预警、预防防护、处置救援、应急服务。各省与直辖市基于这四个重点发展方向，结合本省的发展情况制定了不同的发展计划，如上海市由于地域面积狭小，且为沿海城市，重点发展城市应急救援与应急服务，为市民提供安全保障。而广东由于气候潮湿闷热选择重点发展公共卫生安全方面的监测预警技术，陕西则以传统煤矿重工业为中心，发展煤矿与机械生产方面的处置救援与监测预警技术，山东以烟台为基点，着重于海上应急技术的发展。具体情况如表 1-4 所示。

表1-4 **典型省市应急产业重点发展方向对比**

省、直辖市	重点发展方向
河南	信息安全、应急装备、交通安全、医疗应急等
北京	突发事件预警方面,预防防护领域,处置救援领域
湖北	应急通信、应急指挥、应急救援、应急防护
上海	公共安全信息化、智慧应急产业
江苏	监测预警、特种设备、环境应急、应急服务
陕西	工业消防产品、煤机安全产品
江西	航空应急救援体系、信息化应急系统、消防安全设备
广东	救援与运输装备、应急能源与动力装置、应急通信与指挥设备、医药和防护用品、应急材料等领域
福建	交通水路安全监测设备、应急救援队伍、信息化应急
山东	海事搜救、矿山救援、防暴维稳、火灾处置、防洪防涝、减灾救灾、污染清理、废墟救援、矿用设备、抗雪除冻、环境监测、净水处理、医疗救护、防爆特种设备、防护用品和材料等领域
湖南	突发事件监测预警体系建设工程、防灾减灾救灾体系建设工程、地质环境保护与防治体系建设工程、卫生应急核心能力建设工程、旅游安全应急系统建设工程、应急救援力量体系提升工程等
河北	应急检测、预防防护、医疗应急救治、应急后勤保障、通用航空器制造、交通安全、矿山安全、消防安全、新能源应急

各个省市由于环境、历史、政治等因素的影响形成了各具特色的应急产业结构,具体情况如表1-5所示。

表1-5   典型省市应急产业结构

省、市	监测预警	预防防护	应急服务	处置救援	应急企业总数
湖北	365	13	10	16	404
广东	1340	587	49	324	2300
河南	83	17	4	10	120
安徽	98	49	16	27	180
陕西	478	167	32	79	756
上海	101	21	13	22	156
北京	124	53	13	41	231
深圳	467	361	33	398	1239
江苏	91	65	12	49	219

　　湖北省应急产业在监测预警、预防防护、处置救援、应急服务方面均有发展，其中应急服务方面湖北省以随州的应急专汽最为突出，华舟重工以其应急交通类产品带动了湖北省应急产业的发展。由于监测预警类产品的适用范围更广，湖北省的应急企业偏向监测预警，其他类型的企业较少。湖北省可凭借华舟交通的优势，结合湖北省交通四通八达的地理位置，大力发展应急服务、处置救援等企业，综合考虑本土监测预警企业形成的完整产业链，可推动形成完整的应急产业体系。

　　广东省为南部沿海地区，矿山产业不发达，珠江三角洲的繁荣又使得广东省能够建设完备的交通体系，故广东省的应急产业技术与产品首先主要用于应急的防护和救援，其次用于贴近生活的食品安全检测，再次用于交通事故的监测与预防。据统计，广东省应急产业产值约在4000亿。该省具备各种类型的应急企业，且数目不在少数，形成了一套完整的应急产业体系。广东省政府采取了多项措施以促进应急产业的发展，但是广东省应急产业存在的问题是缺乏高素质管理人才，导致应急产品的科技含量不高，市场开拓能力不强。陕西省与广东省应急产业成分的差异主要是自然环境引起的。

河南省优先发展信息安全、军民融合、应急装备、交通安全、医疗应急五大优势领域，同时加快发展空间信息、航空应急、智能机器人、农业安全、食品药品安全、家庭应急、应急服务七大潜力领域。

安徽省设立了公共安全创业投资基金，用于支持公共安全产业发展，依托合肥高新技术开发区，重点发展公共安全。故应急服务类企业占比较重，其他三类应急企业数目较为平均。安徽省以此为基础，可选择不同的应急产业发展方向，具有多方向发展的潜力。

陕西省横跨黄河与长江两大流域中部，矿业较为发达，气候干燥易失火，因此其应急产品与技术在矿山防护和消防方面较为突出。其应急产业中矿山方向的预防防护类企业与消防方面的监测预警类企业数目较多，处置救援类企业次之，其应急服务类较少。陕西省在发展应急服务方面存在着较大潜力，可发展矿山和消防方面的应急服务公司。

上海市地域面积狭小，仅辖 16 个市辖区，总面积 6340 平方公里。由于面积狭小，应急产业数不多，上海市应急产业的发展方向为智慧应急，将物联网、云计算等互联网技术与应急产业结合。因该市为经济和贸易中心，又有复旦大学、同济大学等各大高校云集，加之市政府鼓励应急产业的发展，上海市应急产业朝着智能化的方向发展。

北京的应急产业结构与上海类似，北京市主要以丰台区的中国应急救援科技产业示范基地和中关村应急管理产业技术联盟为依托，二者相辅相成，形成应急产业管理和发展两大特色聚集地，集管理、研究、创新、生产、孵化等相关产业于一体。大力向应急产业技术创新一体化发展，形成鲜明的发展模式。并定期举办我国规模最大，最具影响力的北京减灾应急展，推动了全国应急产业的发展。北京市政府部门的实施意见紧紧围绕着首都城市战略定位进行编制，明确了各阶段的发展目标及十大发展路径，形成了从研发到生产，到拉动拓展消费市场，创新应急服务产业，形成应急产业多边辐射性链式化发展。

深圳位于珠江三角洲，人口流量大，各种公共安全事件时有发生，与北京、上海类似，深圳的应急企业结构也与之类似，但是数目较多，应急能力更甚于北京和上海。但是深圳在应急物资的调用、采购、日常管理方面尚未标准化与规范化，仍需加强应急避难所的建设与应急产业体系的构建。

江苏省应急企业数较少，对全省 GDP 贡献不大。江苏省作为一个东部沿海、运河内穿、地跨江淮、人口密集的大省，面临着台风、洪涝、雨雪冰冻灾害等众多自然灾害的影响，生产安全、公共安全和食品安全等方面的事故层出不穷。江苏省应急产业很早开始发展，但由于江苏省地域面积广大，难以形成全省的应急产业体系，因此应急产业的发展较为缓慢，但是若江苏省能够借鉴模仿上海市的应急中心机制，完全有可能建立一个完整的适合江苏的应急产业体系。

1.2.4　应急技术交流的对比

企业技术交流与联盟对于应急产业的创造力具有极大促进作用，应急产业的发展能力与发展方向能够通过各省市的企业联盟状况与技术交流活动反映出来。各个省市中尤以北京的技术交流活动最为突出。在京成立的应急产业联盟多数已成为全国性应急产业联盟，并且通过与各省市的重点大学、科研基地、军工部门的合作，推动了其他省市应急产业的发展，如中国智慧城市产业联盟在工信部的指导和支持下在京成立，而后发展成为从事智慧城市建设的全国性的非营利社会团体。该联盟与武汉开发区进行合作，帮助湖北建立了武汉应急产业园，推动了湖北省应急产业的发展；上海市对外国际应急技术交流会议的开展使国内应急企业获得广泛吸收国内外的研究精华的机会，各省市政府通过对比国内外应急产业发展模式，借鉴吸收国外应急产业发展成功经验与模式，结合本省市实际情况进行政策方面的改良；以江西、广州为代表的跨省市合作模式富有创新性,江西与湖南等省签订协议,建立泛珠江三角洲区域应急产业联动合作,广州市提出重点打造深圳、珠海、东莞三地应急产业集聚区,通过资源共享与政策互惠,与泛珠江三角洲区域的内地 8 省(区)及香港、澳门开展政府间、社会组织间、园区间、企业间的多层面对接合作,打造泛珠江三角洲区域应急技术与服务中心。此三种应急技术交流模式都有助于省内外应急产业的发展。各典型省市应急技术交流的对比情况如表 1-6 所示。

表 1-6 各省市应急技术交流对比

省、市	成立年份	技术交流	重点方向
北京	2012	中关村应急管理产业技术联盟	新技术和新产品应用示范,对接城市管理、公共安全、新农村建设、减灾防灾等重大科技需求,组织成员单位开展联合攻关、重大应用示范以及提供整体解决方案,建设公共服务平台
上海	2009	上海智慧应急产业联盟	应急信息化的技术和机制,并且已经在开展试点
江苏	2009	江苏省城市应急协会	囊括了应急咨询、应急教育、应急研究与交流、应急服务的方方面面,属于全灾种的非盈利应急机构
陕西	2015	陕西省安全产业联盟	煤、非煤矿山、消防等行业的安全产品
河北	2015	新能源应急产业创新联盟	通过整合光伏发电、储能节电、充电、LED、仿真监测等领域的优势资源,提供标准化、模块化的服务方案,生产行业急需的应急救援装备
河南	2015	河南省应急产业协会	应急产业相关生产、研究及应急救援与保障服务

续表

省、市	成立年份	技术交流	重点方向
湖南	2014	湖南应急产业技术创新战略联盟	整合协调应急产业资源，建立上下游产学研信息和知识产权等资源共享机制，建立专业人才培养和全国合作的平台，推动行业研究、实验和标准化体系的建立，形成具有自主知识产权的应急产业核心技术
	2015	湖南省应急管理协会	开展应急宣教培训、应急预案编制、应急队伍、应急能力、应急平台建设、应急装备研发、应急产品认证、应急物资储备等应急服务体系及应急资源中心、应急演练基地、应急产业园区建设
重庆	2010	国家救灾应急装备工程技术研究中心	围绕救灾应急装备的工程化与产业化，开展技术攻关、装备研发、人才培养、国际交流，着力提高国家救灾应急装备技术水平，推动救灾应急装备产业发展，引领救灾应急行业进步，提升救灾应急整体保障能力

1.3　国家及各省、直辖市相关政策分析

1.3.1　各省、直辖市相关政策对比

(1)政策措施及重点任务的对比。

国家政策措施包括"完善标准体系、加大财政税收政策支持力度、完善投融资政策、加强人才队伍建设、优化发展环境"，各省市的政策措施基本与之相同或类似，主要在重点任务方面有所差异。国务院指定的重点任务有加快关键技术和装备研发、优化产业结构、推动产业集聚发展、支持企业发展、推广应急产品和应急服务、加强国际交流合作。

在加快关键技术与产品研发方面，大部分省市依照国务院的指示，依托各省市应急产业基地的优势，以其为中心向四周扩展，形成应急产业示范区，再向示范区内引进各种类型的中小微应急企业，集中力量突破前沿应急技术。联合科研机构、高校与大型企业形成产学研协同创新机制。针对不同的应急产业重点发展方向，形成不同的应急企业创新联盟。在军工技术方面，推进军工产品的民用化，在应急产业商业模式上进行创新，运用法律等方式加强知识产权运用和保护，促进应急产业科技成果资本化、产业化。在优化产业结构方面，培育应急产品消费市场，采用政府购买服务的方式，促进应急服务机构发展。推动产业集聚发展方面，各省市采用了鼓励有条件的区域形成产业集聚区的方式。各省市均运用企业专项发展基金支持中小微企业发展，推动形成大中小微企业协同发展

的局面。

各省市除了以上的加快应急产业发展的重点任务之外，结合自己所处的地理优势，对不同的重点任务进行了相应的补充，具体情况如表1-7所示。

表 1-7　　　　　　典型省市应急产业的主要任务对比

省、市	政策文件	对国家标准的地方化补充
北京	《北京市人民政府办公厅关于加快应急产业发展的实施意见》	增强突发事件应对和重大活动应急保障能力
辽宁	《关于进一步加强应急管理专家队伍建设与管理工作的意见》	优化全省应急管理专家队伍建设模式，建立专家资源库； 实现应急信息动态化管理； 初步建成覆盖省、市、县三级政府及所属部门的全领域、全地域、立体化、网格式的应急管理专家队伍体系
广东	《关于加快应急产业发展的实施意见》	建立部门协调工作机制； 开展应急产业运行监测； 加强财政税收政策保障
四川	《关于加快应急产业发展的实施意见》	骨干企业加快发展； 强化应急产业项目建设

（2）保障措施对比。

在任务分配方面，各省市政府依照国务院的指示，建立应急产业发展协调机制，选择有特色的应急产业建立联系点以跟踪应急产业发展状况，加强对应急产业制定政策的督查落实，并将任务分配至各个部门。大多数保障措施是在组织领导、工作机制、人才队伍建设、资金投入、舆论引导等方面的准备工作。这些保障措施与协调工作有助于政府对应急产业的引导和应急产业建设工作的开展。

某些省市依照各省市的发展特点提出了不同的保障措施。如河北重点加强技术创新体系的建设以保障应急产业的发展，而山西重在加强人才队伍建设，湖南对于科研开发和人才培养给予了同样的重视程度，并且注重各部分之间的衔接与协调。重庆则选择建立联动机制，以保证各部门工作之间的配合，并且重视舆论的导向，利用媒体引起公众对于应急产业的重视。具体情况如表 1-8 所示。

表 1-8	保障措施对比
省市	保障措施
河北	加强技术创新体系建设
山西	加快人才队伍建设
湖南	加强科研开发和人才培养，做好协调与衔接
重庆	建立联动机制，正确引导舆论

1.3.2 应急产业地方政策分析：以湖北省为例

为贯彻落实《意见》，促进应急产品、技术和服务交流合作，工业和信息化部和湖北省人民政府于 10 月 18 日在湖北随州召开2016 年应急产业发展推进交流会，坚持创新、协调、绿色、开放、共享发展理念，提升应急产业供给水平，增强应急产业创新能力，促进应急产品和服务推广应用，推动应急产业融合集聚发展，培育应急产业骨干力量，加强应急产业国际交流合作，努力把应急产业发展成为新的经济增长点。

(1)《湖北省关于进一步加强应急管理工作的意见(鄂政发[2010]33 号)》。

2010 年 5 月 25 日，湖北省人民政府发布了《关于进一步加强应急管理工作的意见》(该意见的框架内容如图 1-3 所示)，进一步加强应急管理工作，全面提升应急管理工作水平，提高保障公共安全和应对突发事件的能力，积极预防和妥善处置突发事件，深入贯彻落实科学发展观、构建社会主义和谐社会,同时坚持以人为本、执政为民和全面履行政府职能,维护国家安全、社会稳定和人民利益。

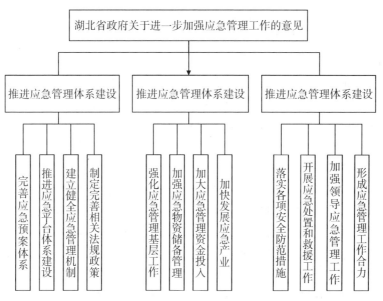

图 1-3 《关于进一步加强应急管理工作的意见》的框架内容

(2)《湖北省突发事件应对办法》。

2014 年 1 月 13 日,为了预防和减少突发事件的发生,控制、减轻和消除突发事件引起的严重社会危害,提高处置突发事件的能力,有效应对各类突发事件,保护人民生命财产安全,维护国家安全、公共安全、环境安全和社会秩序,根据《中华人民共和国突发事件应对法》等法律、法规,结合本省实际情况,湖北省人民政府发布了《湖北省突发事件应对办法》,主要应对湖北省内突发事件的预防与应急准备、监测与预警、应急处置与救援、事后恢复与重建等活动,突发事件应对工作坚持以人为本、预防为主、预防与应急相结合的原则,实行统一领导、综合协调、分类管理、分级负责、属地管理为主的应急管理体制。

关于预防与应急准备，《湖北省突发事件应对办法》中指出，湖北省县级以上人民政府应当制定突发事件总体应急预案和专项应急预案，其有关部门应当制定突发事件部门应急预案；政府应当加强应急预案落实情况的管理，应急预案每 3 年进行一次评估，并根据情况发展和变化，适时进行调整和完善。湖北省政府有关部门应当加强和保障特种应急物资、少数民族地区和贫困地区应急物资的储备，建立和完善与其他省、自治区、直辖市的应急物资协调机制，政府有关部门建立专业应急平台，同时按照统筹规划、分级负责、统一调配、资源共享的原则，建立应急物资储备保障系统，结合区域、部门特点，合理确定应急物资储备的品种、规格、数量，制定保管、轮换和补偿标准，完善重要应急物资的监管、生产、储备、调拨和紧急配送体系。

关于监测与预警，该政策指出，湖北省政府应当建立政府应急平台，政府有关部门建立专业应急平台，以政府应急平台和部门专业应急平台为依托，建立统一的突发事件信息报送系统，形成突发事件信息报送快速反应机制和舆论收集、分析机制。突发事件预警级别依照《中华人民共和国突发事件应对法》的规定确定，并通过突发事件预警信息发布系统统一发布突发事件预警信息。企业事业单位、社会团体、公民接到预警信息后，应当配合政府及其有关部门做好突发事件应对工作。

关于应急处置与救援，突发事件发生后，湖北省有关部门应当根据应急预案立即启动应急响应，调集应急救援队伍和社会力量，依照法律、法规规定的应急措施进行处置，控制事态发展或者灾情蔓延，同时建立健全应急处置保障协调机制和应急联动机制，加强成员单位之间的合作，并与相邻地区或可能发生相同突发事件地区开展合作。

关于事后恢复与重建，应急响应结束后，湖北省各级人民政府应当按照政府主导、社会参与、市场运作的原则，修复公共设施，组织受影响地区尽快恢复生产、生活、工作秩序和社会治安秩序；对突发事件造成的损失进行统计、评估，按照短期恢复与长远发展并重的原则，组织编制恢复重建规划，组织提供物资、资金、技术、人力等，有序开展受灾地区恢复重建工作；对受突发事件影响较大的地区和行业给予税费减免、贷款贴息、财政补助等政策扶持和政策优惠；分析突发事件发生的原因，对应急决策与处置等应对工作进行全面客观的分析评估，总结经验教训，制定改进措施。

(3)《湖北省关于加快应急产业发展的实施意见(鄂政办发[2016]54号)》。

2016年8月17日，湖北省政府办公厅下发《关于加快应急产业发展的实施意见》，深入贯彻落实党的十八大和十八届三中、四中、五中全会精神以及省委、省政府的决策部署，立足湖北省实际，依托现有产业基础，加强政策激励引导，激发创新主体活力，加快突破关键技术，培育新的经济增长点，提升应急产业整体水平和核心竞争力，促进湖北省经济结构调整和转型升级。

发展目标是力争到2020年，湖北省建成1~2个国家级应急产业综合和专业示范基地，培育一批技术研发与创新能力强的龙头骨干企业，发展一批应急特色明显的中小微企业；一批关键技术和装备的研发制造能力达到国内先进水平，一批自主研发的重大应急装备投入使用；发展环境进一步优化，形成有利于应急产业发展的创新机制，为防范和处置突发事件提供有力支撑。全省应急产业规模显著扩大，应急产业体系基本形成。意见提出，湖北省将重点围绕监测预警、预防防护、处置救援、应急服务四个重点方向，发展以应急通信、应急指挥、应急救援、应急防护等为主体的应急装备制造产业，形成辐射周边省份和中部地区的综合应急保障能力。为此，将应急产业纳入湖北省工业、战略性新兴产业、科技发展等重点培育计划。对列入产业结构调整指导目录鼓励类的应急产品和服务，在有关投资、科研等计划中给予支持。

在应急救援方面，发展城市应急供排水装备、桥梁及起重设备、排爆机器人等产品。在应急专用车方面，发展危化品救援车、防疫车、智能森林灭火车、举高喷射消防车等品种。在应急交通工程装备方面，发展舟桥系列、装配式公路桥系列、机场应急跑道、拼装式停机库等。

　　(4) 湖北省应急产业政策分析。

　　应急产业在我国属于新兴产业，是科技创新产业，是应对突发事件的应急保障能力的基础。目前我国处于转型阶段，各种社会突发事件频繁发生，需要加强应急保障能力，和应对突发事件的应急能力。随着湖北省政府对公共安全需求的日益增长，也推动了应急产业的发展。

　　近几年来，湖北省出台一系列政策鼓励壮大应急产业，推动应急产业的发展。2010 年 5 月 25 日湖北省发布了《关于进一步加强应急管理工作的意见》，为应急产业发展奠定了法律基础。加强应急管理工作，积极预防突发事件并提高应急管理工作水平，发展应急产业，保护社会财产安全，努力提升应急救援能力，应急产业受到湖北省人民政府的高度重视。应急产业是为应对突发事件来满足社会安全需求的一系列产业的整体，即具有应急功能的产品和应急服务。

　　2014 年 1 月 13 日，发布了《湖北省突发事件应对办法》；2016 年 8 月 17 日，发布了《关于加快应急产业发展的实施意见》等；同时 2016 年 3 月 22 日，在武汉召开湖北省应急产业发展工作座谈会；2016 年 10 月 18 日，工信部和湖北省政府在湖北随州召开 2016 年应急产业发展推进交流会。一直以来湖北省政府高度重视应急产业发展，将应急产业发展作为重要的工作任务，同时继续制定相关的政策，提升对突发事件的应急能力，将应急产业发展计划纳入到政府的工作计划中去，加强对应急产业的重视，督促应急产业的发展。

　　随着政府的重视，湖北省应急产业发展取得一定的效果，但是应急救援资金投入不足，应急产业的关键性技术难题等，这些都亟待进一步研究解决。目前，湖北省加强应急救援体系建设，应急救援能力得到显著提升，但是应急产业政策还存在一定的问题。当前的应急产业政策没有强制性的执行要求，以通知、建议等形式为主，主要对应急产业的发展进行引导，还需要进一步完善具备可操作性的政策实施细则，因此，推进湖北省应急产业发展，需要完善应急产业的相关政策、对应急产业发展进行强制性要求和制定具有激励性的政策措施。

(1)完善应急产业的相关政策。

完善应急产业的相关政策是湖北省发展应急产业的必要前提和重要保障。近年来虽然湖北省出台了一系列的法律政策，但关于应急产业的相关法规在总体上较少。应该明确应急救援产业的法律地位，积极发展应急产业，各种应急企业在突发事件中应立即救援，负有救援责任，同时制定相关的法律政策，更好地了解各自的责任，以法律的形式将推动应急产业的发展，让企业能灵活地调配应急救援物资，处置公共安全事件。

(2)对应急产业发展进行强制性要求。

应急需求具有不稳定性，不能明确了解应急产业的需求，这与应急产业的持续发展形成了矛盾。因此，湖北省政府应当出面解决，制定相关法律法规，可以强制性要求企业发展应急产业，并且进行宏观调控，引导应急产业能够持续发展。

加强应急产业的发展，推动应急救援工程的建设，提高应急救援技术，从而更好地应对突发事件。对于特别重大的应急救援工程，由湖北省政府进行规划与投资建设，企业进行运营，以政府为主导，企业支持，共同推进应急产业的发展。对于某些企业不重视应急产业，以及缺乏应急能力的基础，政府出面进行强制要求，对相关企业进行扶持。对于突发事件所需要的大量专用的应急产品，以及社会上重大应急物资储存，也由政府进行计划、投资建设。湖北省政府可以运用政策，制定应急产业相关的救援技术标准，来生产出符合应急要求而且具有重大功能的应急产品，推动应急标准化建设，从而促进应急救援技术的提高和应急产品的升级和高效。

(3)制定具有激励性的政策措施。

湖北省政府可以制定激励性地政策措施，加大应急产业的投入，制定相关的优惠政策来吸引外来资本对应急产业的投入，推动应急产业的建设。在税收方面，可以采取多样化的税收减免政策，对某些应急产业的税收可以适度的减免，来吸引对应急产业的投资；大力支持应急企业的发展，政府对过量的应救援产品进行购买，促进应急产业的循环，以免企业因应急产品的滞销而降低应急产业的发展；还需要建立健全应急救援保险制度，合理探索应急产业的市场化发展模式，以政府为主导，企业来运营，政府出资进行应急产业发展基地进行修建，企业可以利用基地对突发事件进行应急救援。政府对应急救援市场进行宏观调控，对应急救援体系建设规划严格监督，保证应急产业的合理布局和维持应急市场的良好秩序，推动应急产业持续而高效地运行。

第 2 章

新形势下的中国应急产业发展模式

2.1 应急产品的"四化"发展模式

发展应急产业，优化产业结构，坚持需求牵引，采用目录、清单等形式明确应急产品和服务发展方向，引导社会资源投向先进、适用、安全、可靠的应急产品和服务。适应突发事件应对需要，推进应急产品标准化、模块化、系列化、特色化发展，引导企业提供一体化综合解决方案。

（1）标准化。

应急产品标准化是指对应急产品的种类、功能、原材料和制作流程等采用统一标准，从而维持应急产品行业的秩序，实现应急产品的规范管理。

当前，我国应急产业尚存在很大的发展空间，应急产品的标准化建设尚未完善，处理突发事件的应急水平有待提高。随着社会上突发应急事件日益增加，国家应大力发展应急产业，推动应急产品标准化建设，加强应急产品的管理。由于应急产业属于新兴产业，应急产品形式多种多样，应急产品的质量也参差不齐，所以国家应当建立应急产业标准，明确应急产品目录，同时也加强政府对应急产品的监督，使质量合格应急产品能正常地进入市场，避免劣质产品对应急市场秩序的干扰。另外，应加强制定应急产业的相关标准，使应急产业逐步走向正规化，为应急产品市场的良好秩序提供制度保障。同时规范应急产品的生产流程，减少资源的浪费，促进应急产品逐渐精益求精，不断完善应急功能，使其更好地服务于社会。应急产品标准化发展能够有效减少应急产品的不合格率，提高应急产品的生产质量，以较小的投入来生产出价值量较大的应急产品，推动了应急产业的发展。

（2）模块化。

应急产品模块化是指将应急产品按照类型和性能分成许多个不同模块区域，然后将这些区域进行自由组合，组建成新型的应急产品，提高应急产品的生产效率，为应急市场提供充足的产品。

应急产品模块化发展体系的设计主要针对重大的社会突发事件作用范围广、持续时间长、危害大的特点，解决紧急状态下应急产品难以及时运输的问题。因此，政府应将应急产品进行模块化储存，全面检查各种应急物资并进行整理分类，加强应急产品的储存和运输工作，形成高效、快速的应急产品模块化发展体系。当发生较大的安全事故时，根据各个地方的救援能力的强弱及事故的危险性大小，合理分配不同的救援产品，为应急救援提供物质保障，确保救援行动的高效、有序。

应急产品模块化有助于对应急物资进行管理，将应急产品进行登记，然后分成功能不同的各种各样的模块，不同的模块组成新的应急产品，做好应对突发自然灾害、社会事件的准备。此外，还需要完善应急物资的检测体系，随时掌握应急产品的"去向"，并及时进行补充，还要探索科学的应急产品储存体系以及合理的应急产品分类方法，使各种应急产品能够发挥最大作用，提高应急救援效率，促进应急产业的发展。

（3）系列化。

应急产品系列化是以最少的投入生产数量最大、质量最优的应急产品，形成完整的应急产品生产体系，从应急产品的功能、种类上给予市场更多选择的权利。

应急产品系列化是标准化的最终产物，当应急产品经过标准化发展之后，将朝着系列化方向发展，此时应急产业的结构和功能达到最优状态，应急救援能力达到最高。应急产品的系列化发展就是通过研究某一种应急产品的功能，然后再延伸到其他的应急产品，从而了解各种应急产品之间的功能及其相互关系。

随着应急产业设备要求和产品需求不断提高，政府应继续进行开发简单、快捷的新型应急产品系列化工作，加快应急产品现代化发展，建立符合我国国情的应急产品生产体系，逐步满足市场的需求。此外，要处理各种各样的突发事件，还应发挥应急产品系列化发展的质量稳定、功能多样等优势，提高应急产品的优化建设，推动应急产品的创新，提高应急产品的科技含量，突出应急产品同其他产品对比下的核心竞争力，为社会安全提供保障。

(4)特色化。

应急产品特色化是指用不同的方式来生产应急产品，使应急产品具有显著区别于其他产品的功能，能更好地处理突发事件。

从整体来看，我国应急产品设计缺乏完整的应急体系，应急产品大多处于分散的状态，对突发事件的应急救援不充分，因此不能有效地处理突发事件。目前的应急产业既要包括传统的应急产品生产企业，又要包含现代化的应急产业。提高应急产业救援能力，建立完善应急产品技术创新体系，有效联合地方优势产业，推动不同产业和领域间的交叉与融合，寻求应急产业的特色创新，不断推出技术含量高、市场识别度高的产品，使应急产业处于高端水平。

应急产品的特色化发展要在现有的应急产品的基础上，通过不同应急产品之间的配合以及应急技术进行突破创新，对现有的相关应急产业的资源进行配置，推动应急产品的特色化创新，力求不同的应急产品联合使用达到最大的效果，在现有基础上实现更多的功能，方便社会公众使用。应急产品一般可以分为两种，专用产品和通用产品。专用产品，就是只能对于某一特定的应急事故发挥作用，只在事故中使用，专用产品救援能力强、专业程度高、生产成本高。而通用产品，不仅可以用于应对安全事故，还可以在非应急状态下使用，通用产品的灵活性强，应用范围广，实用性较高。因此，推动应急产品的特色化发展，不断将专用产品转化为通用产品，能避免资源浪费，减少重复性建设，提高资源利用率。

2.2　应急服务的"四化"发展模式

《意见》中指出："加快发展应急服务业，采用政府购买服务等方式，引导社会力量以多种形式提供应急服务，支持与生产生活密切相关的应急服务机构发展，推动应急服务社会化、专业化、市场化和规模化。"

（1）社会化。

应急服务社会化是指将应急服务扩展到社会中的方方面面，让更多的人参与到应急服务中来，扩大应急服务的规模。应急服务包含三个方面，一是社会救援服务，二是咨询培训服务，三是应急物流服务。国家应促进应急服务建设，提高有效地应对突发公共事件的能力，大力培训应急服务人才，培养一支"高效率、专业强、高人才"的综合性、专业性的应急服务队伍，全方位促进应急服务社会化发展，提高救援效率，有效地减少突发事件带来的损失，保护公共财产安全。此外，要加大力度发展应急产业，使应急产业发展成为一套完整而强有力的保障社会安全的体系，推动应急服务社会化建设。同时应加强应急救援服务平台建设，积极建设政府与企业共同参与的应急救援服务体系，政府进行宏观主导，企业支持应急服务，在突发事件频发的区域加强应急服务体系的完善，提高应急服务培训，建立专业的培训机构，加大应急服务资金的投入，提高应急救援服务的综合能力，提升应急服务水平。还可以广泛宣传应急服务相关知识，将应急服务推广到社会中去，扩大应急服务产业的社会影响力。

（2）专业化。

应急服务专业化是指在一定时期内，将应急服务逐渐发展成符合专业标准的过程，并获得相应专业的地位。传统的应急救援服务队伍缺乏专业化的训练，没有进行统一指挥，应急服务能力相对较弱，不能满足现代化需求。由于没有建立一套完整的社会安全应急救援机制，并且各种突发性事件都具有不确定性等特点，传统的分散应急救援问题逐渐增加，并且缺乏高水平的人才指导应急服务发展，导致应急服务有效地发挥预防事故的功能，不能对突发事件采取有效地解决方案。促进应急服务的专业力量建设，对处置社会突发事故、推动应急产业建设具有关键性作用。因此，应该加强应急服务专业化建设，大力开展应急救援培训，指派专门人员到各种应急机构和社会中去，组织开展应急救援活动，扩大宣传范围，让更多的人了解应急服务并且参与其中。同时加强自身应急服务的专业化发展，形成一套完整的应急救援服务体系，不断提高救援效率，最大化地降低事故所带来的损失，扩大应急服务的影响力度，推动应急服务专业化发展，使之能够对社会发挥重要作用，成为保障社会和谐发展中不可或缺的组成部分。

（3）市场化。

应急服务市场化是指将应急服务主要由政府负责转为在市场的引导下运行的过程，即应急服务实现市场化运作。实行、发展应急服务的市场化，重点是政府和市场之间的关系，政府应当改变在应急投入方面包揽全部的做法，通过应急服务市场需求来调节，让应急服务力量依照市场本身的规律运行，从而将好的应急服务力量提供给市场，使应急服务在质量、效率等各方面达到最佳，让政府和企业实现互惠互利，实现应急产业的可持续发展。应急管理公司通过为企业开展应急救援培训服务，在良性竞争的市场环境中发展自身。既提高了人们的应急意识及相关技能水平，又减轻了政府负担，使得应急服务持续健康发展。当前，国务院发布了《关于加快应急产业发展的意见》，进一步增加对应急产业相关的投入，将它逐渐推向市场，在市场的机制下运行。因此政府应当制定优惠政策来促进应急服务投资，确立它的核心战略地位，以加速应急服务市场化进程，实现新发展。

（4）规模化。

应急服务规模化是指应急服务的规模大小达到了一定的标准。应急产业是随着突发公共事件的应对需求而发展起来的，社会突发事故的应急需求，在一定程度上促进了各种应急产业的发展，推动了应急产业的相关建设，例如应急产品和应急服务等，还有应急设施的建设以及应急物资的储存和运输，也使得应急服务朝向社会化、专业化、市场化、规模化发展。应急产业化，其目标是满足社会安全的应急需求，政府与企业共同经营，最终生产出应急产品。从根本上说，应急服务能够有效地预防事故的发生，能够在事故发生时及时采取应急救援措施，保障社会财产公共安全。政府应当扩大应急服务的规模，建设"高效率、大规模、强技术"的应急服务体系，壮大应急服务的发展，使之成为社会重要的应急力量，实现应急产业服务社会的作用。

应急产业化最根本在于在政府主导与市场调节的作用下，将所有的应急资源进行重新分配并进行生产，最终得到的应急产品和应急服务满足社会安全需求，从生产到使用这整个的过程所涉及的所有环节构成一个完整的应急产业体系，政府进行宏观调控，企业来经营管理，实现应急产业中应急产品、应急服务等活动规模化、专业化，使应急产业更加壮大，应急服务能够朝着规模化发展。

2.3　地方应急产业的结构完善规划：以湖北省为例

2.3.1　域外大型企业的引入规划

省内本土小微应急企业尚在发展，为使湖北省应急产业在短期内得到快速发展，必须引进省外大企业以补充湖北省应急产业结构。

按《省人民政府办公厅关于加快应急产业发展的实施意见》的要求，"建设1个应急产业综合基地和四类应急产业专业基地"，可在武汉、随州、黄石、宜昌、荆州建设应急产业基地。武汉市交通便利，具有建成应急产业综合基地的潜力。由于监测预警类应急产品的生产过程简易，无需占用过多的工业用地，故可考虑引进监测预警类省外大型应急企业。随州市以其应急专汽的优势可以建成应急专用车及交通工程装备基地，可考虑将省外的重工机械企业引入其中，与本土优势应急企业进行合作，加速随州市工程装备基地的发展。黄石市是华中地区重要的原材料工业基地，武九公路和四条主要公路贯穿其中，可结合其工业与交通优势将黄石建成应急救援与消防处置装备基地，引入省外处置救援类和消防类大型应急企业。宜昌市的电子信息产业园发展较好，可考虑建设应急监测预警产品基地。而荆州为工业基地和轻纺织基地，对医药防护类应急产品的生产有所帮助，可建设应急预防防护产品基地。

47

首先，在引入省外大型企业的过程中，政府可建立应急企业对外交流平台。该平台的作用包括：第一，鼓励应急产业联盟的建立及发展，省政府可以通过给予补贴、优惠政策促使联盟成立，应急产业联盟应与省外大型企业保持友好关系，借鉴吸收省外大型企业的发展经验，通过提供省内的高质量应急产品来促进省内企业与省外企业的合作。第二，通过互联网建立对外销售与合作窗口，可由政府或应急产业联盟成立。通过资源整理与优势互补，交流网站可提供应急产品与应急服务，满足省内与省外的需求，扩大应急产业市场。省外企业通过此平台可了解省内应急产业的状况，挖掘合作潜力。第三，定期举行应急产业技术交流活动。湖北省政府或应急企业可举行官方的应急产业技术交流会议。技术交流活动分为大型技术交流活动与专项技术交流活动，针对不同的应急产业发展情况定时举行，邀请省内外的企业或联盟参加交流会议，以此增加省内外企业合作几率与经验交流。此外，湖北省政府应当每年定期举办应急产业交流会对湖北省内应急产业情况进行总结，对可能进行跨省合作的企业进行重点观察与培养，及时搜集省外大型企业信息，不断更新企业数据库，拟定不同类型的交流合作方案。

其次，湖北省政府可综合运用多种招商方式吸引省外企业投资，增大与省外企业合作的概率。具体招商方式可采取"以商招商、主题招商、展会招商、产业链招商、挂职招商、中介招商、外驻招商、网上招商、小分队招商"等方式。

再次，湖北省政府可以通过建立湖北省应急投资公司，整合应急资源，赴省外或海外收购装备制造业企业，以此将省外或海外先进的应急技术与设备引进省内。在省外设立应急投资公司的分机构或分公司，对外积极介绍湖北省的投资环境，协助省外投资者在省内取得工业用地及所需的设施，使其迅速在湖北省设立应急企业分公司。此外通过借鉴上海市的经验，湖北省可建立应急产业投资部。投资部有两种方式，一是由政府安排发改委、劳动、人事、财政、税务、工商、规划等有关业务部门共同组成，二是由应急产业联盟或应急产业协会组成。投资部可以统一协调大企业集团进驻湖北省的方针、政策以及相关事宜，实行一站式服务。

最后，应当充分发挥湖北省与陕西省、重庆市等周围五省、市的地理优势，与长江三角洲地区的省市广泛合作，签署跨省协议，改善省内应急产业的封闭环境，打破区域优势，实现应急产业技术成果的广泛交流合作，在带动湖北经济增长的同时，也能起到带动整个长江流域区域经济的作用。

综上所述，省外大型企业引入规划框架如图2-1所示。

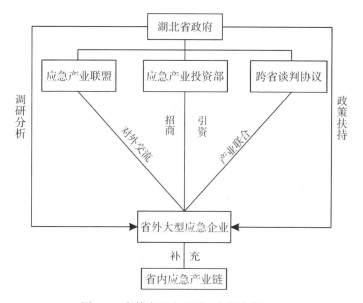

图2-1　省外大型企业引入规划框架

2.3.2　内部小微企业的扶持规划

（1）加大国家税收、财政、融资支持。

第一，对于不同运行状态的小微应急企业，政府应当给予不同程度的扶持。小微应急企业往往面临着如下困境：营业额较低，税收负担重，经营成本高，融资困难。针对这四类情况，政府应当对营业额较低的小微应急企业减少或减免其增值税，对于税收负担过重的小微应急企业，在其引进省外或国外先进应急技术或装备时，可适度减少其关税，鼓励国内应急企业吸收并运用国外先进应急技术方法。政府对于经营成本较高的小微应急企业可适当减少其营业税或企业税。同时小微应急企业与金融机构进行贷款时政府可免除印花税，提高小微应急企业融资能力。

第二，湖北省政府可为大中型应急企业设立省级专项应急基金，以基金吸引大中企业引领小微企业发展。湖北省政府可鼓励小微应急企业参与制定省级或市级应急行业标准，并给予相应的补贴。为残疾人提供岗位的小微型应急企业可以获得政府的社会保险补贴。湖北省政府可采取小微应急企业产品的方式，提高小微企业的销量，通过湖北省政府宣传的方式，扩大小微企业的影响力。

第三，融资担保方面，湖北省政府可采取业务奖励、补偿经费等方式促使金融机构扩大对小微应急企业的担保规模。对于进行融资的小微企业，湖北省政府可为小微企业提供担保，降低小微企业资金不足的风险。湖北省政府也可以采取建立小微企业应急行业协会的方式，鼓励协会成立融资性担保公司，从市场的角度为小微应急企业提供担保。

第四，信用贷款方面，在各银行的业务可持续和风险尚可控制的情况下，政府可鼓励各银行单独列出小微型企业信用贷款计划。湖北省政府除了在资金上提供帮扶之外，还可以创新小微应急企业发展模式，使得小微应急企业从基本结构和规划上趋于完善合理，增强其融资能力和资金运用能力。湖北省政府对于小微企业要加强信用方面的管理，坚持"简政放权、放管结合、优化服务"原则的同时，要从根本上杜绝小微企业的不良运作制度与恶劣信用贷款行为，要推动小微企业转型升级，将发展态势优秀的企业作为其他小微应急企业的模范，使得小微应急企业朝着正确的方向发展。

除以上几种面带动点的融资政策外，省政府可考虑实行点带动面的政策，如深入调研小额贷款公司。小额贷款公司也属于不同行业的小微企业，与应急产业的小微企业具有同等的地位，通过促进小额贷款公司与小微应急企业的贷款合作，能够同时促进两种小微企业的发展。

（2）简化证照与资格审批程序。

省政府需要提高审批工作效率，删去不必要的审批程序，在符合要求的前提下，简化审查步骤，为小微企业减少审批时间上的浪费，使得应急小微企业能够快速成立上市；或者成立一个专门部署小微企业的投资委员会，使得小微企业的管理与登记更加高效有序。

（3）健全促进小微企业发展的法律体系。

湖北省政府可建立相应的监督机制以贯彻法律的落实，扶持小微企业的发展，提供小微企业以法律保障，维护其权益，使得小微企业在市场的竞争中不处于消亡的劣势。在市场调节的基础上，完善法治建设，使得小微企业能够以健康的姿态发展，化恶性竞争为良性竞争，使得小微企业具有正确的发展方向。

（4）建立小微企业信息与服务平台。

湖北省政府可在工商部分已有的小微企业信息平台上进行改进，建立小微企业信息与服务平台，记录小微企业的信用行为，及时淘汰不符合要求的小微应急企业。大中型应急企业和银行、保险等融资机构亦可通过此平台进行合作信息查询。在此基础上，湖北省政府还可增加公共服务平台的功能，小微企业可通过此平台与社会公众交流，使产品与服务获得更大的市场份额，中大型企业通过此平台帮助或提携小微企业，使之成为湖北省多条应急产业链的一部分。省政府可通过此平台购买小微企业的服务，真正地让应急服务起到为公众服务的作用。

（5）鼓励高技术人才入职就业。

高技术人才对小微企业的发展是必不可少的。对于开办应急企业的高校毕业生应当从资金上大力支持；对于参加小微应急企业的高校毕业生，应当给予社会保障津贴；对于其他高技术人员，以同样的方法予以奖励，使得小微企业在核心运转与管理方面达到中等企业的水平。

（6）设立专门的小微企业管理机构。

湖北省政府可为小微应急企业成立管理协会，对湖北省内零散的小微企业进行登记与管理，及时掌握各类型小微企业的发展动态，每年总结小微企业的发展状况，检验湖北省政府对小微企业实施的扶持政策的效果。

综上所述，省内小微企业扶持计划框架如图 2-2 所示。

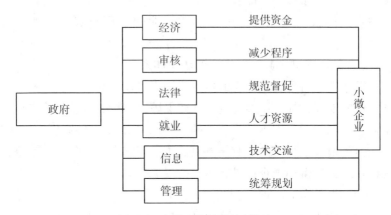

图 2-2　小微企业扶持计划框架

2.3.3　"一中心多节点广辐射"的空间布局规划

点轴聚心，辐射成网。结合湖北省应急发展现状及其资源条件、地理环境，宜以宜昌、黄石、荆州、随州及其应急企业为分节点，形成数条渐进式展开轴线，进而形成错综复杂的交叉模式，并相汇于武汉市"汉南区应急产业园"，且以该中心为基点形成扩散效应与支配效应，最终实现由辐射状覆盖全省区的特色应急网络体系。

应急联动，协调发展。在突发事件时，以武汉市应急产业园为中心运筹指挥，统一调配，各节点迅速以轴线网面为渠道进行联动反应，达到最高的应急运作效率。在安全时期，各节点独立运作，做好日常监测预警、预防防护及应急教育等应急服务工作，并依托已构建的应急网络定期进行应急交流学习以及系列应急救援相关演练活动。

（1）一中心：三位一体，功能集聚。

武汉开发区内入驻多类四个重点应急方向的优势企业，建成多功能园区，集科研教育、生产装备为一体，打造成为拥有较高的应急生产和保障水平的特色应急产业综合基地。

产：园内入驻大批国内外应急产业重点大型企业和前景较好的小型企业，切实以四个重点方向为主体，发展相关高品质的专业应急装备制造产业。

学：在以企业为主体的应急产业园内构建"应急服务国际交流中心"，定期举办"应急交流会展"，开展应急培训，鼓励海内外发展较好的企业进行应急产品展示，创新应急思维分享，优质应急服务交流，鼓励企业进行自主学习研发。

研：以武汉各大高校及吸纳社会优秀应急产业人员的专门研究所为依托，创建学术研究管理智库，充分发挥科技和人才资源，创建一批应急产业领域的高级研发所，创新生产路径、相关产品、应急服务方式以及产业链的运转机制。

（2）多节点：因地制宜，优势互补。

湖北省有宜昌、随州、荆州、黄石等重要城市，构成以武汉市为中心应急产业链的主轴线，探寻并发挥各自优势特色，准确定位，形成产业集成群，以辐射效应带动周边城市及其相关应急产业发展，最终成为覆盖全省的应急网状体系。

随州市：大力发展专用车产业，呈现出效益提高、品种丰富、后劲增强、规模扩张的态势。宜继续发挥其现有优势，促进研发一体化、产品多元化、融合多样化、合作外向化、平台体系化、保障系统化，建立建成国家级应急专用车及交通工程装备基地。

黄石市：华中地区重要的原材料工业基地，八大产业集群，交通发达，宜发展应急救援和消防处置方面产品，重点建设成为应急救援与消防处置装备基地。

荆州市：是中南地区出色的工业和轻纺织产地，有印染循环经济工业园、中国服装智能制造产业园。宜打造应急预防防护产业基地，着重研发机械设备、人体健康保护等方面的产品。

宜昌市：综合实力全省第二，有作为宜昌发展电子信息产业和战略性高新技术产业的重要支撑平台的高新区电子信息产业园,宜与其他七个园区协同发展,重点以监测预警为方向,发展相关产品,打造成监测预警方向的特色产业基地。

(3)广辐射:互利共赢,协调发展。

建立健全湖北省应急保障网状体系,形成辐射中部地区的综合应急保障能力,按照资源共享、政策互惠、合作共赢、优势互补的原则,开展政府间、社会组织间、基地园区间的对接合作,成立应急产业联盟,逐步形成以武汉市为应急统一发展中心、周边地区以生产制造、运输储备为主的应急产业跨区域协同发展体系。

综上所述,湖北省应急产业产学研一体化结构如图 2-3 所示。

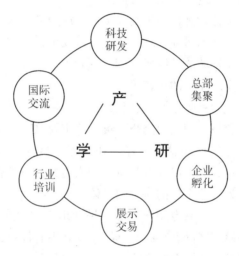

图 2-3　湖北省应急产业产学研一体化结构

2.3.4　应急物资及生产能力储备基地建设规划

(1)应急物资储备基地建设规划。

应急物资的储备空间布局须确保应急物资储备充足、稳定供给，运输、中转、配送高效有序进行，因此需综合储备基地的地缘位置、环境资源、社会情况等，从而形成结构合理的应急物资储存体系，带动相关应急产业发展。

武汉市经济发达，地理区位条件优越，应依托汉南区应急产业园及其应急产业综合基地的建设优势，建立国家级应急物资储备基地，成为湖北省应急物资储备中心。依托应急网络运用互联网、物联网等创立综合信息平台，形成一套优良的储存、调配、中转系统，协管全省其他基地。襄阳市交通便利，四通八达，应发挥其优越的地理条件，依托襄阳高新技术开发区，建立应急物资的储备基地，提高调配效率，成为应急网络交通枢纽。黄石市地理战略位置重要，宜依托黄石工业园建立应急物资的储备基地，与四类物资生产基地加强合作，做好相关物资的储存，集储备、销售、运输、为一体，辐射河南、安徽周边地区，跨省协作，拉动其应急产业的发展。十堰市毗邻鄂、豫、陕、渝，交通便利，矿产、水电资源丰富，宜依托十堰工业新区建设应急物资储备基地，使应急物资能够进行快速有效跨省域供给。荆门市地处湖北省腹部，毗邻三大应急专门物资生产基地，可作为其物资储存、调运、中转枢纽。宜依托荆门高新技术产业园区建立应急物资储存基地。咸宁市为湖北省南大门，交通便捷，宜依托咸安区和经济开发区建立应急物资储备基地，为形成湖北省应急体系的广辐射的布局打下良好的基础。

（2）生产能力储备基地建设规划。

生产能力储备基地建设规划应依托四大专用物资基地而建设，促进生产储备有机结合，引导相关企业结合实际，建立与生产销售相适应的应急物资仓储与应急能力生产体系，形成应急物资快速制造、快速支援、快速服务的完备机制。

依托武汉市应急产业综合基地，创建成为国家级特色应急产业综合生产能力储备基地；依托随州应急专用车及交通工程装备基地，推动相关企业的发展，提升产业集群优势，打造国家重要的应急专用车辆和应急交通工程生产能力储备基地；依托黄石应急基地，促进给应急救援设施、消防设备等领域产业集群发展，建设应急救援与消防处置生产能力储备基地；依托襄阳应急监测预警产品

基地及北斗导航监测等重点科技企业，加强交流学习，开展联合攻
关，提高产品质量和附加值，建设省内监测预警生产储备基地；依
托荆州应急预防防护产品基地，推动应急防护物资，信息安全防护
用品的技术改造、产品创新和品牌培育，提升整体竞争力，建设专
业防护救助物资的生产储备基地。湖北省应急产业空间布局建设分
布如图 2-4 所示。

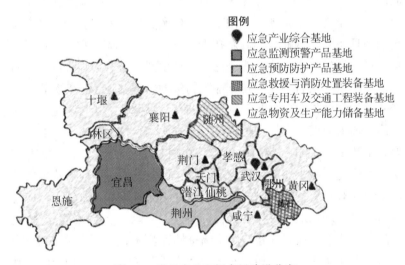

图 2-4　应急产业空间布局建设分布

2.4 "互联网+"应急产业的新格局

(1)应急产业链与互联网的结合。

在"互联网+"的时代背景下,应急企业的合作、应急产品与服务的生产及销售可通过互联网联系起来。应急企业协会可建立一个应急产业交流平台,目的是将各类应急企业联系起来。不同类型和不同大小的应急企业如监测预警类可以形成一条产业链,产品的生产可以分为几部分,根据生产要求,安排不同生产能力的应急企业分工合作产出,最后通过产品销售窗口对外销售。应急企业可以通过该平台了解应急产业的总体结构,根据自身能力的大小,申请加入产业的某一部分。若应急企业尚未找到合适的应急产业链的环节,可登记在册,由应急产业协会或政府统一规划宏观安排。需要应急产品的用户或者其他行业企业可通过该平台进行商业交易或商业合作,通过信息公示了解应急产业的发展情况和政府政策,以作出最有利于商业合作的决策。"互联网+"背景下应急产业服务平台的框架如图 2-5 所示。

(2)应急产业投资平台。

首先是网络金融服务,它结合了网络与金融技术,包括网上电子支付、网上借贷、网络小额借贷、众筹融资等,互联网平台提供相关的条件审核、安全监管和管理费用后,促成双方的合作,实现三方共赢,互惠互利。这一服务可帮助国内小微应急企业解决融资困难,也可使中大型企业获得对外或者对内投资的机会,互联网的便利性和迅捷性可以使得招商投资信息快速传播至大范围区域,增大国内外、省内外应急企业合作投资机会。

其次是第三方政银企信息服务平台,即通过建立第三方政府、

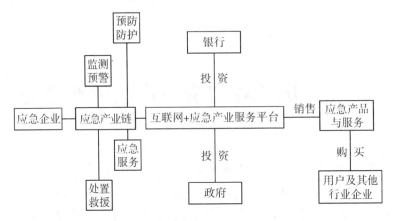

图 2-5　"互联网+"背景下应急产业服务平台

银行、企业信息交流服务平台，可使应急企业及时捕捉政府政策变化，了解银行贷款规定，增加其资金流动速度，及时根据外部环境调整公司发展方向，使之适应市场需求。

（3）应急技术与成果交流平台（图 2-6）。

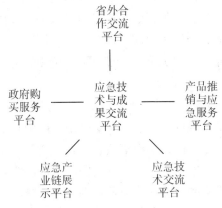

图 2-6　应急技术与成果交流平台框架

政府可组织应急产业联盟或者大型应急企业建立应急技术与成果交流平台，此平台应当囊括各种类型的应急企业。各大中小企业可通过此平台推销应急产品、公布招商合作信息、进行成果与技术交流。此平台也是为政府提供购买服务的窗口，为广大社会提供产品销售的信息。应急产业联盟或者政府可以通过此平台掌握应急产业发展状况，及时补充产业链的缺漏，规划应急产业的发展方向。应急小微企业通过此平台与中大型企业进行合作。友好的应急企业可以举办应急交流技术展，同时该平台能建成对国外交流的窗口，加大国内外企业的合作几率。

（4）企业信息互联平台（图2-7）。

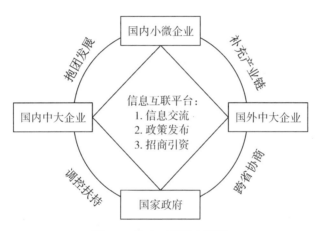

图2-7　信息互联平台框架

国内小微企业信息互联。政府可通过已有的工商局管理信息系统，筛选出尚在发展的小微应急企业，建立起小微企业信息互联网站，成立小微企业管理部门对之进行管理，使得小微企业能够互帮互助，抱团发展。小微企业可通过此网站参与市场竞争、扩大合作范围，能够了解市场发展动态和政府扶持政策，更好地进行未来发展规划。

国内中大型企业信息互联。中大型企业由于投资数额大，应及时交流信息，扩大合作范围，引领应急产业发展。政府通过建立中大型企业信息互联，能够掌握应急市场发展的最新态势，从而提供相应的政策促进其发展。中大型企业通过此平台公布合作招商信息与项目规划，形成中大型企业内部的深入合作交流，刺激应急产业的创新力。

国内外企业信息互联。此平台推动国内企业形成中大型企业带动小微型企业协调发展的模式，组建国内应急产业链。国外企业通过信息互联选择合作的企业，带动经济增长。政府可以在此平台的基础上与外国政府进行协商，选择对双方均有利的应急产业发展模式。

2.5　应急产业的绿色发展

2.5.1　应急产业生产过程的主要污染物

（1）监测预警类。

监测预警类企业的主要产品包括检测仪表、监测系统、导航系统、遥感测绘等设备，产品主要用于企业日常检查、工业现场检测、灾害预报预警等方面，有助于提高人们的危险防范意识，减少人为灾害的发生，降低自然灾害带来的损失。检测预警类产品的核心部件是传感器，传感器的主要工艺制造技术如表2-1所示：

表2-1　　　　　传感器制造主要工艺流程及污染物

主要工艺	流　　程	主要污染物
腐蚀工艺	将晶片置于液态的化学腐蚀溶剂中进行腐蚀	乙二胺、邻苯二酚和水、联胺
表面牺牲层技术	在形成机械结构的空腔过程中，先将下层薄膜上用结构材料淀积所需的各种特殊结构件，再用化学刻蚀剂将下薄膜腐蚀掉，最终得到上层薄膜结构	氢氟酸

续表

主要工艺	流　　　程	主要污染物
辅助工艺	粘接、共晶键合、冷焊、钎焊、硅硅直接键合、装配	挥发性有机化合物
封装技术	将传感器用绝缘的塑料或陶瓷材料打包	塑料污染

（2）预防防护类。

当前，应急市场中预防防护类的产品多为个人防护领域，随着人们安全意识的不断提高，防护服、防护口罩、应急包等防护类的应急产品销售紧俏，各类防护用品市场前景十分广阔。这些生产企业往往基于当地的特色生产技术，例如湖北省应急产业中生产预防防护类产品的企业的蓬勃发展，主要依托于湖北省强大的纺织业基础，但纺织行业存在的"高污染、高排放"等生态问题必须引起应急产业的重视。例如在特种防护服的选材过程中，由于特种防护服的特殊功能要求，其制作面料中必须含有导电纤维或者金属丝，普通的化纤面料不能将其代替。由于高科技产品的不断开发，特种防护服的面料发展变化也是日新月异。但是制造业的设备和工艺升级速度远远比不上材料的更新速度。企业中一些高能耗的设施依然在运行，废弃排放水平居高不下。此外，由于印染、漂白等工艺流程中加入的氧化剂、催化剂、阻燃剂、增白荧光剂等多种化学物质使得水体被严重污染，生态环境遭到破坏。

（3）救援处置类。

救援处置类企业主要生产应急电源、应急救治、应急保障等相关产品。生产救援处置类产品的企业多为机械重工类企业。机械制造业往往伴随着电磁波污染、噪声污染、空气污染、水污染让等问题，同时还有因切斜工艺产生的废料，生产流程中冷却液、润滑油的处理不当而造成的环境破坏。此类企业由于多数属于大型生产企业，因此也属于国家的重点环保监测对象。

（4）应急服务类。

应急服务主要发展消防安全、安防工程、应急管理市场咨询等应急服务以及紧急医疗救援、应急物流、安全生产、航空救援、交通救援、海洋生态损害应急处置、应急教育、培训、咨询等相关应急服务。

由于应急产业刚刚起步，在应急服务过程中普遍没有意识到绿色服务的重大意义，存在着许多环境不友好型的服务产品与服务营销，服务过程中会产生对环境有害的有形实体及产生的废材，如应急医疗救援中的药品以及医疗器材（如一次性注射器材以及玻璃制品等）、具有放射性的诊治器材，在工程抢险、航空救援、交通救援、应急物流方面的交通运输过程中会产生噪音，排放氮氧化物、二氧化碳、二氧化硫、铅等污染性尾气，从而对环境造成一定的影响。

2.5.2 应急产业绿色发展思路

目前，应急产业的发展模式较为粗糙，产业绿色发展的空间较大。推进企业的绿色技术创新，是解决应急产业绿色发展的核心手段。从本质上说，应急企业自身的绿色技术创新是推动应急产业发展的原动力，例如选用更为环保的生产材料，使用更为先进的生产工艺，采用更为高效的废弃物处理方法等都是绿色发展的具体表现。此外，政策和市场需求也是推动企业进行绿色技术创新的重要力量，应急企业间的相互合作能够充分发挥区域经济的优势，使得绿色发展模式所带来的收益最大化。

政府方面，应该通过加收或减免环境税的方式调控应急产品的生产成本，从而促进企业积极有效的进行产品的绿色技术改进。目前，我国部分省市已经开始实行碳排放权交易政策，即控制每个企业的排污总量，企业可以通过购买排放配额来达标，但会增加生产成本。这种方式也可促进企业主动致力于减少排污量，因此也可应用到应急产业中。

2.6 应急产业与安全文化的协同发展

一个组织的安全文化是个人和集体的价值观、态度、能力和行为方式的综合产物。由于安全文化具有管理上的影响力、行为上的约束力、观念上的导向力，我国对安全文化的发展较为重视。在每个五年规划中，安全都会作为一项重要任务被单独提出，并相应出台了具体的安全目标指标与实施方针，其中"十三五"规划中公布的《安全生产"十三五"规划》也强调了加强安全文化的重要性，提出要在社会各个机构、公共领域培育积极的安全文化，安全文化的发展日渐成为公众社会关注的焦点。安全文化包罗万象，面向对象较广，就其形态体系来说，安全文化范畴包括安全观念文化、安全行为文化、安全管理（制度）文化、安全物态文化等。

2.6.1 安全文化与应急产业协同发展的内涵

安全文化是一个综合性的抽象概念，而应急产业的发展是一个系统的复杂动态持续演变过程，因此只有从系统的角度才能较好的阐述安全文化与应急产业协同发展的机理。在研究安全文化与应急产业协同发展的系统之前，应先明确其系统作用机理，二者之间的作用机理则需要利用协同学的系统理论加以阐述。

从生命协同进化到人与自然和谐发展，自然界处处存在着协同作用，同样在社会关系中，协同发展也隐藏在不同的事物之间，它具有自然性、社会性与世界性的普适特点。在社会发展的层面，协同学被阐述为"跨领域跨区域之间的协同作用，并在宏观与微观层面形成新兴结构体的科学，它是一个研究社会中如何通过协同作用而达到系统跃迁，使看似混乱无序的状态展现为有序的连结系统的伟大理论。

将协同学引入安全文化与应急产业发展领域，能够充分的发掘在社会经济中，安全文化与应急产业发展中所隐含的耦合关系，使之显性化为一个有机系统，从而阐明二者之间的具体作用机制，具有一定的创新性。

安全文化与应急产业具有一致的发展理念与目标。安全文化是在社会发展过程中因为人类的安全需求而由多种因素和条件作用形成的一种文化成果，应急产业则是由社会形态和社会经济发展到一定程度而形成的安全产物。安全文化与应急产业均是源于自然社会人民日益增长的"安全"这一基本需求，而逐渐产生、演变、发展、壮大的一种理念和工具，二者均致力于公共的大安全，保障社会的大稳定，促进国家的大发展。因此，可以认为二者是围绕着同一理念运作协调、同一发展的，具有共同的安全目标导向，这是判断安全文化与应急产业是否协同的前提条件。

应急产业对安全文化起着重要的强化作用、提升作用与延伸作用。安全文化虽在我国起步较早，但其发展较为缓慢，究其原因则是安全文化作用方式隐性化，多以"人本安全"的形式出现，即以人的安全意识、安全观念、安全行为为度量，缺乏有效的物本载体，没有得到社会大众的普遍认可与政府的重点投入建设。应急产业则是安全文化在社会中的一个良好的映射和有效应用，全面的集安全观念、安全行为、安全制度、安全物态于一体。因此，安全文化能够以应急产业为有效的物质载体而实现具体化、多样化，其内涵得到不断的丰富和延伸，从而能够更好的弘扬、传播与发展。

安全文化对应急产业有着强大的引导作用、支撑作用与辅助作用。应急产业近些年虽得到了快速的发展，增强了"物本安全"的特质，但其有效性却没有得到立竿见影的效果与同等的安全回馈，尚未充分发挥产业的发展潜力。且现行应急产品的购买者与使用者多为政府及公共机构以解决公共安全问题，其潜在隐藏的巨大市场则是由公众需求所建立的，而该市场的开发需要"人本安全"的推动，即通过充分增强公众的安全意识以提升其安全行为进而转化为安全需求，从而增强应急产品的需求度，形成军民结合、产业多用的模式，应急产业才能最大程度的发挥其价值并得到质与量的发展跃迁。

因此，安全文化与应急产业拥有一致的安全理念与目标，安全文化的发展需要应急产业的载体功能，应急产业的发展也需要安全文化的支撑导向作用，二者在发展中互相作用，密不可分。因此，安全文化与应急产业的协同发展是必然也是必要的。安全文化与应急产业若想得到长足的发展，就必须进行协同发展实现共赢，即以"以人为本"发动人的主观能动性的"人本安全文化"与以提高设备或组织物质系统本身的安全性为导向的"物本安全文化"互相推动发展。不仅能够有效促进安全文化与应急产业各自的发展，而且有利于我国不断深化安全管理。

安全文化可以与应急产业构成一个整体，即安全文化与应急产业协同发展系统，该系统以自组织为基础，以"创造价值，保障安全"为其内在的驱动主力，以创造最大化安全价值为共同目标而进行系统有机运作。二者并非结合成为一个整体，而是构成了一个相互关联的新型运作系统，这个新的系统以其内在驱动力隐形的牵动着安全文化与应急产业的发展。因此，本书将安全文化与应急产业协同发展定义为："在安全科学领域中，安全文化与应急产业相互影响、共同运作从而产生安全价值的过程。"

就安全文化与应急产业协同发展的方法和内容来说，可以将其归结到微观与宏观两个层面。

在安全文化与应急产业协同发展系统的宏观层面，应急产业属于在国民经济发展及安全意识提升背景下的战略性新兴产业，在其诞生及发展的过程中，安全文化始终是其有力的支撑者与良性催化剂。倘若剥离安全文化的影响，那么应急产业将成为无本之木，其兴起将无从谈起。同时，应急产业的崛起与发展，从监测预警、救援处置、应急服务和预防防护的四个方面提升了民众的安全意识，保障了社会的安全与稳定，进一步的促进了安全文化的传播与发展。

在安全文化与应急产业协同发展系统的微观层面，安全文化的发展需要在安全观念文化、安全行为文化、安全制度文化与安全物态文化四个层面上进行综合提升与协同发展。应急产业的发展则需要市场需求、政府驱动、投资水平、企业因素、科技水平这几个因素共同支持与相互作用。而在安全文化与应急产业二者各自的发展因素中，却存在因素间的耦合与密切作用关系，本书将其分为三个方面，如图 2-8 所示。

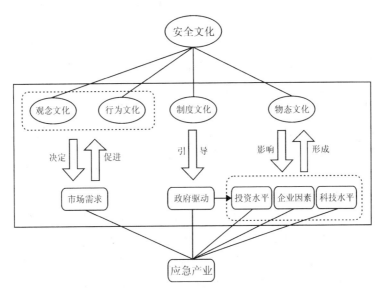

图 2-8　安全文化与应急产业协同发展系统内涵

安全文化的观念文化与行为文化是安全文化得以发展的基础，安全观念文化能够促进安全行为文化的形成，二者相辅相成，其共同作用结果一方面是通过提升社会的安全意识进而产生和提高社会的安全需求，而有效的安全需求能够极大的促进市场对于应急产品的需求，从而以利益驱动应急产业的发展；另一方面则是通过影响政府与企业的安全观念与行为，从而提升其对安全的重视度，进而转化为对应急产业的重视、扶持与发展。

安全(管理)制度文化是安全文化发展的保障，由于应急产业是安全文化在安全应急方面的一个关键载体，且应急产业作为一个掌握国家社会安全命脉的新兴产业，国家制度政策的支持与引导对应急产业的发展尤其起着至关重要的作用。因此，加强安全(管理)制度文化建设的一个重要方面即是加强对应急产业的政府驱动性引导与支持，在安全文化的(管理)制度建设中必然会同时出台一系列的方针、政策，以对应急产业的发展产生方向引领、政策扶持、行业监管方面的作用。

安全物态文化是安全文化发展的有力支撑，它是安全文化对物态安全的表现与体现，反映了安全文化对于与保障人类安全的相关器具、工序过程达到本质安全或预防防护目标的基本安全要求。安全技术水平则是物态安全的重要保障。安全物态要求的本质是提高物态的系统安全性、智能性与广泛使用性。这一要求在一定程度上显性或隐性的引导政府和企业加大对应急产业的投资水平、重点提高应急产业的科技水平、企业间自发的进行竞争与合作，共同促进应急产业的发展。同时，应急产业的这些发展因素也能共同作用和形成安全物态文化。

因此，安全文化与应急产业协同发展的内涵可以阐述为：安全文化是以应急产业为物理载体的一种文化，应急产业是以安全文化为本源导向的一类产业，安全文化与应急产业互为表里，相互促进，共同发展。安全文化与应急产业的协同发展是指安全文化与应急产业在发展过程中具有相互耦合的亲密关系，并利用各自的职能互相促进，在发展要素上进行资源优化分配，共同形成新型协同系统，不断深化拓展安全的要义，获得更大的安全成就。发展该系统的基本思想是：从当前我国安全环境及社会经济出发，不断优化安全文化与应急产业发展要素，合理布局、分步谋划、努力创新、深化改革，全面促进安全文化与应急产业的协同发展。

无论是安全文化还是应急产业，其本质服务对象均是"安全"。安全文化是长期以来由"安全"而形成的各种因素综合作用的一种文化产物，反过来其发展也是致力于提升社会安全程度，而应急产业则是由"安全"这一理念发展形成的一类产业，其发展的最终目的也是提高社会安全程度。从安全文化与应急产业的产生本源以及其最终作用目标来看，推动其不断发展的内在引力则是"安全"。此外，也正是"安全"在新时期对政府和社会的要求，这种要求使得安全文化与应急产业进行协同发展，延伸安全的范围，深化安全的理念，提升安全的程度，以迎合社会发展的趋势，满足社会大众对安全的需求，由此可见，"安全"也是安全文化与应急产业协同发展的不竭驱动力。

在安全文化与应急产业的发展过程中，政府起到了决定性的导向与支撑作用。一方面，政府能够作为一个宏观调控者，通过政策和公共需求决定安全文化和应急产业的发展方向，并从宏观整体层面全局把握安全文化与应急产业发展的规模、速度、深度等。在另一方面，政府能够以其强有力的措施，包括法律规范、管理政策、公共财政支出、产业投入、行业监管等方面来全面支撑安全文化和应急产业的发展，并提供良好的外在发展环境。

2.6.2　安全文化与应急产业协同发展的要素

根据安全文化与应急产业协同发展系统的内涵分析，图 2-9 给出了安全文化与应急产业协同发展要素系统。

回路 1：GDP→+公共财政支出→+社会文化因子→+安全文化宣教→+安全观念文化→+民众安全意识→+应急产品市场需求→+应急产业产值→+GDP

回路 2：GDP→+公共财政支出→+社会文化因子→+安全文化宣教→+安全行为文化→+民众安全意识→+应急产品市场需求→+应急产业产值→+GDP

回路 3：GDP→+公共财政支出→+政府安全管理支出→+安全制度文化→+应急产业投入→+应急产业产值→+GDP

回路 4：GDP→+公共财政支出→+政府安全管理支出→+安全制度文化→+企业竞争与合作→+应急产业产值→+GDP

回路 5：GDP→+公共财政支出→+科技支出→+安全物态文化→+应急产品科技水平→+应急产业产值→-GDP

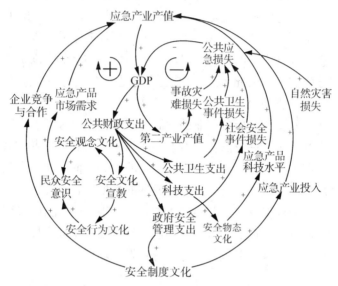

图 2-9　安全文化与应急产业协同发展要素系统

回路 6：GDP→+公共财政支出→+政府安全管理支出→-社会安全事件损失→+公共应急损失→-GDP

回路 7：GDP→+公共财政支出→+公共卫生支出→-公共卫生事件损失→+公共应急损失→-GDP

回路 8：GDP→+第二产业产值→+事故灾难损失→+公共应急损失→-GDP

回路 1、2 为正反馈回路，随着 GDP（国内生产总值）的不断增长，政府对于公共的财政支出也逐年增多，同时，对于包括安全文化在内的社会文化的建设也在不断加强，并通过提升社会的安全观念文化与安全行为文化不断加强民众的安全意识，使得民众的安全需求不断增长，在形式上表现为对应急产业的市场需求，进而拉动应急产业的产量，促进 GDP 的增长。回路 3、4 为正反馈回路，回路表明政府在安全管理上的支出随着公共财政支出不断增长，并不断加强安全制度文化建设，进一步加强对应急产业的政策性驱动，包括资金投入与政策扶持，进而促进了应急产业的发展，拉动

GDP 的增长。同时，在政府的政策扶持下，应急企业会抓住机遇，进行自发的企业间竞争与合作，共同推动应急产业的发展。回路 5 为正反馈回路，表明在政府对于科技水平的支出会随着公共财政的支出不断增长，通过作用于安全物态文化水平提升应急产品的科技水平，从而拉动应急产业的产值增长。回路 6、7、8 为负反馈回路，公共应急损失主要由 4 个方面组成，包括社会安全事件损失、公共卫生事件损失、事故灾难损失与自然灾害损失，政府在公共安全管理方面与公共卫生方面的支出能够有效减少社会安全事件损失与公共卫生事件损失，而事故灾难损失则随着第二产业不断发展，呈增长趋势，这些损失直接导致了 GDP 的减少。

2.6.3 安全文化与应急产业协同发展的模式

基于上一节的分析，本书将安全文化与应急产业协同发展模式归纳为市场需求模式、政府制度模式与科技发展模式三个模式层次。

(1)市场需求模式

市场需求是安全文化与应急产业协同发展的最大引力。在安全文化与应急产业协同发展的模式中，我国每年从 GDP 总额中抽取 24.65% 左右作为公共财政支出，公共财政支出中一部分流向为安全宣教，安全宣教主要通过作用于社会的安全观念文化与安全行为文化进而影响和提升民众和企业的安全意识与安全行为，从而使得社会对于预防防护、检测预警、处置救援及应急服务类的相关应急产品需求量增加，拉动应急产品的需求，拓宽应急产业的市场规模，促进应急产业的发展。而在应急产业发展的同时，其较高的应急产业产值为我国 GDP 也做出了显著的贡献，未来将不断彰显及发挥其国民经济支柱作用。因此，在安全文化与应急产业发展的市场需求模式中，安全宣教在无形中起着重要的桥梁作用，使得该模式构成一个相互联系、相互促进的闭循环，共同促进着安全观念文化、安全行为文化与应急产业的协同发展，如图 2-10 所示。

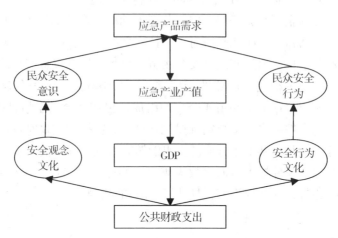

图 2-10　安全文化与应急产业协同发展的市场需求模式

（2）政府制度模式

政府制度是安全文化与应急产业协同发展系统的导向、支撑与保障。在安全文化与应急产业协同发展的制度模式中，安全制度文化发挥着重要的作用，安全制度文化能够影响政府的决策与企业间的行为。在政府层面，安全制度文化主要影响着政府对应急产业的投入，包括资金支持与相关保障政策的建立完善；在企业层面，安全制度文化则能够引导和保障着企业间自发的进行资源、市场的竞争与研发、供应链的合作交流，以寻求效益更大化，朝向更加先进、安全的发展方向迈进。安全制度文化在政府与企业方面的作用结果则是间接促进了应急产业的发展，进而在一定程度上拉动GDP 的增长。而安全制度文化的建设发展主要取决于政府在安全管理方面的投入，追根溯源则主要来源于由 GDP 作为支撑的公共财政支出。因此，在安全文化与应急产业协同发展的政府制度模式层面，构成了一个相互作用的循环系统，共同促进着安全制度文化与应急产业的协同发展，如图 2-11 所示。

（3）科技发展模式

科技水平是安全文化与应急产业协同发展的核心。在安全文化

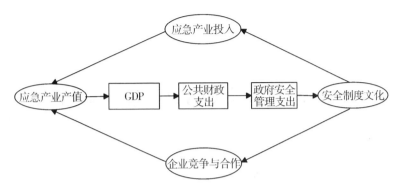

图 2-11 安全文化与应急产业协同发展的政府制度模式

与应急产业协同发展的制度模式中，安全物态文化为主要导向，它要求、体现和决定着应急产品的科技水平，包括应急产品的效用性与安全性，应急产品科技水平作为主要生产力，其不断的提高能够有效拉动应急产业的产值，进而促进 GDP 的增长。同时安全物态文化的提升与促进需要社会大环境对科学技术的重视与投入，其皆来源于公共财政支出这一部分。因此，在安全文化与应急产业协同发展的科技发展模式层面，构成了一个相互联结的循环系统，共同促进着安全物态文化与应急产业的协同发展，如图 2-12 所示。

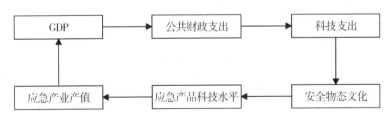

图 2-12 安全文化与应急产业协同发展的科技发展模式

2.7 基于区块链的应急产品供给

2.7.1 区块链在应急产品供给中的应用前景

国家工信部信息化和软件服务业司在 2016 年 10 月指导编写的《中国区块链技术和应用发展白皮书》中对区块链定义如下：区块链是分布式数据存储、点对点传输、共识机制、加密算法等计算机技术在互联网时代的创新应用模式。最初区块链是作为比特币的底层"账本"记录技术出现的，其本质是利用去中心化和去信任的途径维护一个可靠数据库的方案，核心技术包括分布式账本技术、非对称加密算法以及智能合约。区块链技术在金融领域的应用导致该领域翻天覆地的变革。通过对其在金融领域的应用模式进行研究，可以发现其价值主要体现在可以跳过中间的交易平台、实现实时交易结算、分布式的数据储存与交易模式以及自动化的运作。

（1）区块链去中心化的特点简化筹备程序

在我国的应急产品供应体系中，应急产品的调用首先要经过的储备库的管理机构进行审核与批示，经过各级组织机构的审批，应急产品才能够向灾区发放，在这个过程中，各级组织机构以及管理部门所承担的中心化角色略显冗余，那么区块链去中心化的特点就能节省人力与时间，简化筹备程序。

区块链系统中，应急产品筹备数据库信息的更新和维护由各主体协作共同完成，而不是由原有的某一中枢机构进行相关操作。整个筹备体系由各地区行政机构、储备库管理机构、一线灾区应急产品管理人员以及负责临时供应的供应商等多主体通过相关信息共享来实现资源数据信息的多元化、多功能的链式组织。此外，没有中心控制单元的情况下，相关数据信息不会受到单一主体的控制，大大提高了信息的可靠性。

在共享平台中，各主体有权获得筹备体系的所有信息，并通过有效凭证对筹备体系进行管理，打破了传统的中心化方式，无论什么时候有信息的变动，都可以进行信息的实时修改，即实现传统的中心化管理模式向多中心、无层级、同步高效的模式转变。

（2）区块链透明化与信息不可篡改的特点保障筹备信息安全可靠

区块链的透明性表现为在整个应急产品筹备的过程中，整体数据信息需要多方记录，需要多主体共同参与且互为备份，而且信息的更新也需要由各个主体共同认证。因此，在物流交易数据信息存储过程中，信息记录需要多个节点共同参与且互为备份，数据信息更新也必须由多个节点共同认证才能完成，且整个系统的信息一旦输入则无法通过某一节点进行随意篡改，这都保证了信息的高质量。

（3）区块链的高效性满足应急产品运输对效率的内在需求

应急产品的运输对于高效性的要求极高，那么还可以采取智能仓储。采用各类感知技术对应急产品储备库的物品进行识别、定位、分拣、计量和监管，利用定位系统为运输提供可靠、高精度的定位、导航、授时服务，区块链所独特的分布式记账原理可以保证储备的数据信息不被篡改。这样，区块链与人工智能技术的结合既能建立高效透明的物流环境；同时也可以使得整个系统更加精准、高效、智能。

应急产品的物流管理最终目的是在保证质量的情况下实现最高效率和低成本。传统的应急产品物流体系是简单地将各级管理机构形成一个链状的整体，而使用区块链技术可以为将整个运输物流体系形成点-链-网提供必要的技术支持，促使各节点之间实现零和博弈，避免由于信息共享不完善而影响物流效率。区块链技术将原本的串联关系变成并联关系，降低了由于信息共享不及时而产生的冗余成本，同时提升了物流体系的效率，实现了各主体之间的协同合作。去中心化和分布式记账的技术可以对每一条物流信息进行持续性验证，进而按照时间顺序在"公共区块"中形成持续且唯一的"链"，保证运输的准确性和可追溯性。

将区块链技术应用于应急产品供给过程中，可以减少在产品供给过程中的审核、报备程序，契合区块链去中心化的特点，同时，整个数据信息库的记录与维护依靠多方力量，保证信息的可靠性与可追溯性，且责任明确。也就是说，区块链技术的应用简化了程序，使得信息公开透明，更加安全可靠，在极大程度上提高了供给效率。但在此基础上，要使应急产品安全高效地到达灾区，还存在多种储备和运输方式，这时还需要应急管理人员对各种方案进行最优选择，保证时间最短，实施最及时的救援。

2.7.2　基于区块链的应急产品供给模式

基于上一节的分析，区块链技术的应用可以实现应急产品供给的如下功能：扁平化服务机构的建立、治理及服务过程公开化、应急产品点对点供给模式、共享储运信息，应急产品供给系统的去中心化和全天候"自组织"运行。为了推动应急产品供给系统的变革并加速其发展，本书给出基于区块链的应急产品供给模式，共分组织管理层面、实际应用层面，以及数据层面，如图 2-13 所示。

（1）组织管理层面

发生紧急突发灾害，当地应急部门要积极响应，根据实际灾情向上级应急管理部门进行汇报，逐级进行，灾难所在地的政府以及管理部门必须通过这种逐级上报的方式才能获得上级储备库的应急产品救援，在这个过程中，时间浪费较多，程序繁琐，不利于救援的高效进行。针对这一问题，可以利用区块链区去中心化的特点，在进行紧急救援调运应急产品的过程中，精简中心审批机构，只保留必要的灾害指挥机构，应急产品的调用通过区块链网络进行，可以使得管理机构扁平化，应急产品供给高效化，裁撤冗余机构和人员，减少不必要的支出。

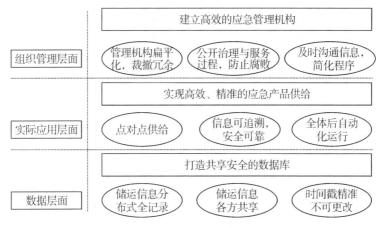

图 2-13　基于区块链的应急产品供给模式的三个层面

应急产品供给中使用区块链技术，整条链上的信息由多个节点分布式记录且为所有节点共享，应急产品的数量、质量以及种类等信息均在区块链上公开记录，不论是应急指挥机构还是应急储备库管理机构，其治理、服务过程在应用区块链技术之后更加公开透明，可以防止官员腐败、贪污的现象。所以，区块链技术的应用也形成了一套行之有效的监督体系，在工作的过程中，各级部门以及管理人员自觉形成互相监督的关系，低成本、高效的实现了体系的自我监督与管理。

区块链技术分布式记录以及公开透明的特点使得各部门之间的信息交流更加通畅。应急指挥机构可以根据应急储备库所记录的应急产品信息及时地调整应急产品的调运计划，如果应急产品出现数量短缺或者种类不足的情况，可以及时与供应商进行沟通，制定生产、供给对策。此外，在运输过程中还可以根据区块链所记录的实时灾情以及灾区天气、交通状况等调整运输计划，更改线路或者转换交通工具，争取在最短的时间内将应急产品送到灾区，且使得应急产品的在供给过程中产生的消耗降到最低。

（2）实际应用层面

区块链分布式信任系统可以实现应急产品物流体系在管理上的

77

去中心化，其本质就在于为供求双方主体建立互相的信任机制，提升整个过程的质量。在应用区块链之后，应急产品供求双方可以不经过中间的管理部门而直接形成合作关系，只要双方将各自的供应以及需求情况分别记录在区块链系统中，那么这个供给过程就会跳过中间的诸多中心机构，实现供给和需求两个终端的直接对接，提升了供给效率和精度。

区块链技术在应急产品中的应用可以保证应急产品的质量达标，数量准确，且供给的整个过程有迹可循。从应急产品生产到入库再到供给，生产商、储备库管理人员等必须将应急产品的种类、质量和数量等数据记录在区块链中，可以用于产品防伪和防止产品无故损耗等情况的发生。同时运输过程中，各交通工具安装定位系统，同时每个交通工具也是区块链中的一个节点，行车轨迹、装载应急产品的种类和数目、供给目的地等信息也会显示在区块链系统中，保证实时可查，形成相互监督的机制，使得应急产品从生产、储备到运输整个过程的安全可靠。

通过智能化合约的嵌入，区块链技术可以对整个供应系统的数据进行存证，并且是永久保存。因此，系统可以根据智能合约的运行规则自动进行应急产品的分配，管理人员只需对所产生的结果进行监督，这样极大地节省了人力成本，同时也提高了效率。此外，区块链中永久记录的数据可以为之后的救援提供参考，不断在以往的基础上进行改进，打造更优化的供应系统。

（3）数据层面

区块链可以看作是一个巨大的数据库，针对于应急产品供给的问题来讲：从应急产品的筹备、生产、储存、运输等全过程的数据都要由每个环节的管理人员进行分布式记录。包括应急产品的计划生产数目、生产标准、生产种类、实际生产数量、质量、种类以及各储备库的分布、应急产品运输中的路线、交通方式等数据，这种记录方式有助解决供应过程中的信任危机，同时可以避免实际供应过程中脱离实际。对于决策者来说，这个数据库提供的信息可以充分拓宽其视角，更能够从灾害的全局考虑问题，做出重要的决策指示。对于储备库来说，可以根据灾区的实际需求情况进行应急产品的调用或者与供应商谈判进行临时加急生产。应急产品运输指挥中心可以根据数据库中显示的灾区需求以及周围外部环境的情况及时调整供应路线与供给方式,确保高效率、低损耗。

  区块链中每个节点在记录信息时都会自动生成一个不可更改的时间戳,那么对于应急产品供给来说,应急产品生产、储备、运输的时间将会被精准地记录在区块链系统中,以供管理人员进行查询、追踪,同时防止某些不法人员或者腐败官员随意对时间点进行更改,利用职权便利私自侵吞应急产品,造成不可挽回的损失。

第 3 章

中国应急产业关键技术发展现状与不足

3.1 监测预警类企业关键技术的发展现状与不足

监测预警类企业主要依靠科技研发生产各类检测仪表、监测系统、导航系统、测绘遥感类等预警类产品。根据突发事件的四大类别，即自然灾害、事故灾难、公共卫生事件和社会安全事件，本书从这四个方面将监测预警类企业进一步划分，并对其关键技术展开分析。

3.1.1 自然灾害类企业关键技术的发展现状与不足

通过对我国自然灾害类企业及其产品的研究(见表3-1)，可以发现，我国自然灾害类企业的产品门类比较齐全，除了一些只具备有限功能的产品以外，很多企业已经能从灾害整体出发，研制包括监测和预警在内的系统或技术产品。主要有地震遥测设备、山体滑坡自动监测系统、海啸灾害预警监测仪、山洪灾害监测预警系统、气象灾害监测预警系统、林业有害生物灾害监测检疫设备、森林火灾监测设备等。分析这些产品的特点可知，目前我国此类型企业的关键技术主要是"3S"技术、传感器技术、无线传输技术等。

以地震灾害为例，系统投入使用以后，地震计等监测设备会将地动参数转化为电信号传输到相应的地震控制中心；当有岩体发生破裂和错动时，系统监测到 P 波，控制中心根据"3S"技术迅速判别发生的位置、地理信息等，并通过电台等向群众发出预警。由于电磁波比地震波的速度要快，P 波比 S 波的速度要快(袁志祥等，2007)，给预警留下一定的时间，从而起到减少伤亡的作用。

表 3-1　　　　　　　　自然灾害类企业主要产品及关键技术

灾害类型	主要产品	关键技术或原理
地震灾害	地震遥测设备和传输设备	IP 传输技术、无线传输技术、电缆传输技术
	地震记录设备	过采样技术、数据滤波器技术
	地震数据处理设备	数字化技术、地震成像技术
	MEME 地震烈度仪	通用分组无线服务技术 GPRS 技术
地质灾害	雨量自动监测仪	数字化技术
	土壤湿度探测器	传感器技术
	位移探测器、裂缝监测仪、测斜监测仪	超声波技术、数字化技术
	泥石流地声预警仪、泥石流次声监测仪	传感器技术、3S 技术、视频监测技术
	山体滑坡自动监测系统	传感器技术、"3S"技术
海洋灾害	绿潮灾害预警监测仪、赤潮灾害预警监测仪、海啸灾害预警监测仪	传感器技术、计算机技术、通信技术、浮标设计与制造技术
	水质检测仪	光源驱动技术、防水技术、数字化技术
	BOD 检测仪、COD 检测仪	化学反应原理
水旱灾害	水位计、液位计、水利水位探测器	电容器原理
	翻斗雨量器、雨量报警器	单片计算机技术、传感器技术

灾害类型	主要产品	关键技术或原理
气象灾害	气象灾害监测预警系统	遥感、GIS 技术、计算机技术、区域气候模式
农林灾害	林业有害生物灾害监测检疫设备	3S 技术、航天影像、计算机技术
	草原干旱灾害监测设备	遥感、GIS 技术、区域气候模式
森林草原火灾	森林火灾监测设备、草原火灾监测设备	3S 技术、植物机理模型、区域气候模式、物联网技术、Zigbee 技术

由此可知，自然灾害类企业的关键技术主要是："3S"技术、传感器技术、无线传输技术等。这些技术在控制自然灾害、减少灾害发生率和伤亡率的过程中有很大的作用，但也存在一些不足之处。

第一，信息质量难保证。目前自然灾害类企业中使用最多的GIS 技术和无线传输技术存在着信息质量不太高的情形。GIS 技术应用的数据具有多源、多格式、多尺度的特点，数据分散，缺乏统一的数据标准，严重制约了 GIS 的应用(王腾龙，2013)。无线传输技术中的数字微波传输技术视频有 0.2~0.8 秒的延迟，音质、画质有损、图像清晰度也会在传输过程中受到损耗，信息质量很难得到保证。

第二，技术应用水平低。目前的地理信息系统，其应用主要停留在数据库、空间叠加分析上，缺乏知识处理能力和推理能力(李为乐，2008)，缺少可以真正用于应对自然灾害决策支持方面的技术。

第三，数据共享程度低。由于地理信息体系不易观测，一般人不容易看懂，在一定程度上不能与其他信息软件相融合(姚得利，2014)，难以与不同的信息系统之间实现数据共享，这就使得对某一类信息重复查询、检索等，无疑是对时间、精力等的浪费，效率较低；尤其是在应急救援中，时间就显得更为重要，数据共享程度较低的问题也被放大。

3.1.2 事故灾难类企业关键技术的发展现状 与不足

通过对我国事故灾害类企业及其产品的研究(见表 3-2),可以发现,我国事故灾难类企业的产品主要有气体、粉尘、土壤等的检测仪器;围岩裂隙探测仪;桥梁设施安全监测与预警平台等。只有个别领域的产品可以做到系统级的设计,大多数产品仍然只具有对某个模块或子系统的监测预警功能。

表 3-2　　　　　　　事故灾难类企业主要产品及关键技术

灾难类型	主要产品		关键技术或原理
矿山事故	通风检测类仪表	风表、皮托管	翼轮转动速度与实际风速之间的关系 总压、静压、动压之间的关系
		干湿温度计	蒸发吸热、液体饱和蒸气压原理
	矿井气体检测仪	瓦斯检测仪、一氧化碳检定器等	光的干涉原理、化学反应原理
		瓦斯报警矿灯	甲烷的燃烧性
	矿井粉尘检测仪	直读式粉尘浓度仪等	传感器技术
		电光分析天平	杠杆原理
	矿山压力及地质测量仪器	围岩裂隙探测仪、锚杆拉力计、圆图压力记录仪	裂隙与波速之间的关系、传感器技术
		组合式防爆速测仪	防爆技术、传感器技术
		地质罗盘	地球磁场原理
	火灾监测及防火装备	阻化泵	减小化学反应速度

续表

灾难类型	主要产品		关键技术或原理
危险化学品事故	危险化学品全程动态监控系统		物联网、云计算技术、视频监控、GPS 技术
	危化品运输泄漏检测仪器		传感器技术
交通安全事故	交通基础设施安全状态监测预警设备	桥梁设施安全监测与预警平台	一体化集成技术、远程实时自动化测量、云计算技术、3G 技术、物联网技术
		在线式监测物联网	传感技术、结构分析技术等
环境污染	有毒有害气体环境应急监测预警设备	VOC 气体检测仪等	传感器技术
		气体报警控制器	化学反应、传感器技术
	水污染环境应急监测预警设备	顶空捕集仪、气相色谱仪	GIS 可视化技术、分布式数据库技术、网络技术
	土壤环境污染应急监测预警设备	检测管、检测箱	传感器技术、自动测量技术、计算机技术等
	海上溢油快速检测鉴定仪器	红外测油仪	卫星遥感技术、孔径雷达卫星
火灾	火灾监控系统		探测技术
	火灾报警触发器件		传感器技术

　　由于事故灾难诱发因素众多，且相互之间会互相影响，需要监测的种类就较多而杂；又因其发生的不确定性，需要对其进行长期监测，通过计算机技术和通信网络技术正好可以达到这个目的。以矿山事故为例，引发矿山事故的因素有瓦斯浓度、一氧化碳浓度、

粉尘浓度、煤层压力等，这些就都需要分别进行长期监测。通过在合适的位置安装检测仪器，定期定时将数据传至控制中心，当浓度超出预计指标时，迅速予以报警，在事故发生之前采取紧急措施，就有可能避免事故的发生。

由此可知，事故灾难类企业的关键技术作用表现在监测危险有害因素、预防事故灾难等方面，存在以下不足之处。

第一，对环境依赖性强。从气体、粉尘、土壤等的检测原理可以看出，目前事故灾难类企业的检测技术主要依赖于化学反应。电磁干扰会对化学反应产生影响，进而对探测的信号产生影响，造成监测数据的偏差；矿山、危险化学品运输等检测环境多变且较为复杂，对于检测技术的运用存在一定的约束。

第二，技术系统性不强。目前的事故灾难类监测预警技术，尤其是监测系统级的技术发展不够完善，大部分是从子系统或者模块入手，这无疑对灾难整体的把握性较低，且极易疏漏某个环节，造成无法挽回的损失。

第三，信息网络化程度低。目前的系统不能从网络获取安全信息，进行智能决策。仅有个别地方了解监测的结果，如调度室等，但这些地方的工作人员很有可能不是专业人员而不能对即将或正在发生的危险状况做出及时、准确的判断，从而导致事故的进一步恶化。真正了解数据及数据所代表含义的工程师、安监人员无法实时得到监测信息及其走势，不能实现数据的共享。

3.1.3 公共卫生类企业关键技术的发展现状与不足

通过对我国公共卫生类企业及其产品的研究（见表 3-3），可以发现，我国公共卫生类企业的产品主要有农药残留检测仪、水质检测仪、传染病快速检测仪器、热成像仪等。涉及的领域横向跨度较大，关键技术自然也不尽相同。农药残留检测仪、水质检测仪主要利用的是化学反应原理；药典分析仪器利用的是色谱分析、离子分析技术等(丁将,2014);"地沟油"快速检测仪、热成像仪等则利用的是传感器技术,将其他形式的信号转化为电信号。

表3-3　　　　　　公共卫生类企业主要产品及关键技术

危害事件	主要产品		关键技术或原理
农产品质量	农药残留检测仪		生物化学反应
食品药品安全	食品安全检测设备	食品金属检测仪、"地沟油"快速检测仪	磁气诱导原理、电磁感应原理;传感器技术
	药品安全监测设备	药典分析仪器等	光谱、色谱分析等
生产生活用水安全	饮用水快速安全监测预警	水质检测仪、水质速测盒	电化学反应、化学药剂反应;比色法、滴定法、电导率测量
动物疫情	动物传染病监测试剂盒		生物反应(抗原和抗体之间的作用)
公共场所体温异常	红外测温设备		红外探测器、传感器技术

公共卫生类企业的产品因为类别众多,涉及范围广而杂,对产品的研制针对性更强,难以概括其共有的关键技术。但对其众多关键技术进行分析,仍可得出以下不足。

第一,技术不具有普适性。大多数技术仅能满足某一特定情况下的检测或预警,而对于其他情况则适用条件有限或根本不适用。比如,在水质检测中,我国目前大多的技术主要针对非管道水的水质,对管道中水质的检验技术较少,但管道检修、管道渗入、消毒副产物等影响供水水质的问题不容忽视,再加上管网分布复杂、范围广、地下隐蔽等特点(夏黄建,2008),对技术提出了较高的要求，因此，对于管道水质的检测存在一定的技术漏洞。

第二，技术漏洞改进较慢。有的技术很早以前就已经发现了漏洞，但是实际运用过程中，还在使用该技术。比如，我国目前形成的基于病例个案报告的传染病网络直报系统存在着信息设置不合理、监测信息利用不充分等问题（白雪等，2010）。这些漏洞早在 2009 年就已经被提及，但现在仍有一部分企业在使用该项技术。

第三，监测技术缺乏评价。我国已经研究出了很多监测预警方面的技术，但是这些技术在具体实施过程中是否会存在问题，是否需要改进却很少有人研究。比如，我国目前的传染病监测技术就缺乏评价。吴秀玲等（2009）指出，我国目前只是在卫生 VII 项目、网络直报系统、慢性病系统应用监测系统评价和方法上有相应的评价，传染病监测系统评价目前在我国是一个薄弱环节。缺乏评价就意味着目前的技术很有可能存在漏洞，这无疑是对公共安全的巨大威胁。

3.1.4　社会安全类企业关键技术的发展现状与不足

社会安全方面包括城市公共安全、网络和信息系统安全等。通过对我国社会安全类企业及其产品的研究（见表 3-4），可以发现，我国社会安全类企业的产品主要有安检机等城市公共安全产品和防火墙等网络与信息系统安全产品。通过对此类产品技术的分析，了解到其关键技术主要是图像扫描与处理技术、计算机技术等。

由上文可知，社会安全类企业的关键技术主要是：图像扫描与处理技术、计算机技术等。

第一，技术比较落后。与 30 年前相比，当前互联网技术日益进步，网民数量也随之增多，再加上公众参与意识、维权意识等的

表 3-4　　　　　　**社会安全类企业主要产品及关键技术**

危险类别	主要产品		关键技术
城市公共安全	机场等人员信息采集系统	口岸入境人员信息采集系统	图像采集与存储、X 光图像扫描技术
	公共场所危险物品检测仪器	安检机、爆炸物毒品探测仪、液体探测仪、手持金属探测器等	X 光图像处理技术、传感器技术
	城市公共安全预警系统	实时监控设备、网络舆情监测产品	计算机及多媒体技术、传感器技术、网络化技术、GIS 技术
	火灾预警系统		探测技术、传感器技术
	燃气管网预警系统		GIS 技术、计算机仿真技术
	电网安全预警系统		计算机技术
网络与信息系统安全	防火墙产品		互联网技术、计算机技术
	入侵检测系统		网络技术、数据处理技术
	网络漏洞扫描和补丁管理产品		数据库技术、网络安全技术

增强，各类社会矛盾往往会聚焦网络，形成一定的舆论压力。现有的相关技术大多围绕传统网络时代的舆情监控展开，对危机预警和舆情监测力不从心（董坚峰，2013）。这就要求相应的监测预警技术也要与时俱进，紧跟时代的步伐，改革创新。

第二，技术兼容性低。社会安全类关键技术，不管是为了保护城市公共安全，还是保护网络信息安全，在保护的同时，大多会采取一定的"隔离防护"措施，隔离外界不利因素的渗入，保护内部人员不受伤害或内部数据等信息无损，这两个目标呈现着"同向变化"的关系。以防火墙为例，作为本地网络与外界网络之间的一道防御系统，通过它可以隔离风险区域与安全区域的连接，同时不会妨碍人们对风险区域的访问（范英磊，2004）。随着黑客入侵手段不断提高，企业使用保护级别更高的防护产品，但随之而来的是，一些数据交换功能不能实现，如视频流等。这就需要相关技术不断改进，在提高抵御能力的同时，保护其正常的数据交流的需求。

3.2 预防防护类企业关键技术的发展现状与不足

预防防护类企业主要生产医用设备与器材、医用防护衣、各类特殊作业防护服及有毒有害物质吸附材料等产品。中国预防防护类应急企业以防止事故发生或减轻事故影响为主要任务，主要生产预防防护类产品、提供预防防护技术，目前中国预防防护类企业涵盖了轻工企业、机械制备企业、纺织企业、软件和信息服务业、医药行业等各个领域，生产的应急产品覆盖范围广，主要可分为个体防护产品、设备设施类防护产品、防护材料三大方面，下面对上述不同方向的关键技术予以详细论述。

3.2.1 个体防护类企业关键技术的发展现状与不足

个体防护类应急企业生产的产品既包括普通防护产品，又包括特种防护产品，保障一线应急服务人员的安全和健康是应急工作中的重要任务，个体防护装备是他们能够依靠的最后屏障，应急作业环境的不确定性、危害因素的复杂性、有毒有害物质的高浓度性、作业时空的多变性，决定了应急救援人员作业的高危险性，因此，应急救援人员的个体防护装备应具有更好的防护性能，这对相应特种防护产品的生产技术也就提出了更高的要求。鉴于应急作业的特点，本书重点考虑应急救援人员的种防护产品，主要从应急救援人员个体防护产品的主要类别、性能、关键技术出发，综合分析个体防护类应急企业关键技术的现状。

　　我国个体防护类应急企业目前发展已经较为成熟，产品品种已经较为丰富，产品性能得到了很大提升。但是，我国专门生产应急救援人员防护产品的企业较少，且目前生产的专用于应急救援的特种防护产品与用于一般作业的个体防护产品没有明显区分，企业间也没有明显区分，一般而言都是普通个体防护企业附带生产应急救援类个体防护产品，完全致力于应急救援人员个体防护产品生产的企业少之又少。与普通防护产品类似，目前应急救援人员个体防护产品也主要着眼于"从头到脚"的防护，只是在产品的生产技术上由更严格的要求，对产品的性能也有更高的要求，现有产品的主要功能包括过滤、牢固、防火、隔热、阻燃、防毒、绝缘、防静电、防砸、防辐射、耐磨损、耐腐蚀等。通过对目前个体防护类应急企业关键技术的分析，可以发现个体防护类产品性能的关键在于对材料物理化学性质的合理利用和对其结构的合理设计，呈现出专用性与广泛适用性的发展趋势，各方向具体产品的关键技术及主要性能如表 3-5 所示。

　　个体防护类企业关键技术的不足在于：

　　(1)新型关键技术应用较少。

　　多数企业的生产技术还比较陈旧，仍采用普通的生产技术生产特种防护产品，只有极少数大型企业将科研最新成果应用于实际生产中，应急企业的生产能力与科研成果严重脱轨。例如，在防辐射服的生产上，只有极少数企业应用深海沉淀技术这类新型技术，多数企业停留在喷涂、镀膜、金属纤维与纯棉纤维混纺工艺以及电磁屏蔽技术等生产工艺和技术水平上，导致很多防护产品在实际应急场合中的防护效果不佳。由于应急企业对新型技术运用的缺乏，致使目前的防护产品对于极端环境的适应性较差。

　　(2)多功能兼容技术不成熟。

　　不同应急场合对防护用品的要求不尽相同，比如火灾事故现场对个体防护用品的防火、隔热、阻燃性能要求较高，对呼吸器的要求也较高；危险化学品事故应急救援对个体防护产品的防化学污染、防毒、防腐蚀性能要求相对较高等。可见，多功能化发展成为

表 3-5　　**个体防护类应急企业主要防护产品及关键技术**

防护部位	主要防护产品	关键技术及主要性能
头部防护	防护头盔	(1)以合成树脂类橡胶等为原料； (2)利用弹、塑性变形和合理破坏吸收冲击力； (3)通过合理的结构设计分散应力。
躯体防护	防隔热服	(1)以热反射阻燃材料为原料； (2)经特殊工艺加工成防火隔热面料； (3)特殊缝制技术制成防隔热服； (4)具有隔热、阻燃、牢固等性能。
	防化服	(1)特殊原料； (2)经某种助剂浸轧或防水涂层处理；
	防辐射服	(1)喷涂工艺； (2)镀膜工艺； (3)金属纤维与纯棉纤维混纺工艺； (4)多离子织物，采用吸收转化原理、电磁屏蔽技术； (5)金属织物，采用点解方法； (6)深海沉淀技术。
眼部防护	反射性防护镜片	干涉、衍射原理。
	吸收性防护镜片	选择吸收光线的原理。
	复合性防护镜片	(1)多种染料加入基体的技术； (2)蒸镀多层介质反射膜层的技术。
面部防护	防毒面具	有毒有害物质吸附材料。
	防热面罩	(1)以镀铬或镍的双层金属网为原料； (2)具有反射热和隔热作用。

续表

防护部位	主要防护产品	关键技术及主要性能
呼吸器官防护	自吸过滤式防护器	(1) 过滤净化技术； (2) 过滤元件：机械折叠工艺，离心甩胶工艺； (3) 头面部尺寸参数和三维实体建模技术； (4) 口鼻罩选用医用硅胶材料制作。
	隔离式呼吸器	(1) 自带式供气； (2) 输入式供气； (3) 滤料的选择。
手足部防护	防护手套	(1) 以特殊纤维材料为原料； (2) 电脑控制浸胶技术； (3) 喷淋系统生产工艺； (4) 平纹针针型针织技术。
	防护靴	(1) 注塑技术； (2) 冷粘技术。
坠落防护	安全带、安全绳等	(1) 安全带的主要原料是涤纶、尼龙、丙纶，较先进的安全带带有预收紧装置和拉力限制器； (2) 安全绳一般为合成纤维绳、麻绳或钢丝绳。特种安全绳也具有耐腐蚀、耐高温、热收缩、防水等性能。
	速差防坠器	(1) "双锁止装置"结构； (2) 控制系统采用特种钢，外壳采用铝合金； (3) 安全绳选用航空用钢丝绳； (4) 阻燃处理技术； (5) 速度自控技术。

了个体防护产品的必然发展趋势，这也为特种防护产品的多功能

化技术提出了新的要求,且随着科学技术的进步,多功能兼容技术必然呈现多样化和系统化,未来的防护服将是多功能的载体(阎迪等,2012),而企业目前的多功能兼容技术只能实现少数性能的兼容,如阻燃与抗静电兼容、防化与透湿兼备等,但是还尚未达到使所有应急环境中要求的不同防护性能全面兼容的技术水平。

(3)产品智能化技术待发展。

应急作业的环境复杂多变,这对产品的智能化提出了新的要求,产品智能化发展将成为今后个体防护产品发展的主要趋势,但是目前产品智能化技术还不够成熟。电子技术与防护服的加工技术有机结合、智能纤维的应用、纳米技术是理论界(朱华,2013)提出的产品智能化的三种热点技术,目前,纳米技术在企业中已经有了较为广泛的应用,多数企业已成功利用纳米技术开发出了多功能、高性能的个体防护产品,有效增强了其抗菌、防生化等功能。但是,目前个体防护类应急企业对于智能纤维的应用还存在着很多问题,仍处于初步发展阶段,如变色纤维、形状记忆纤维等其他智能纤维的应用还较少;目前对于电子技术与防护服加工技术的有机结合更是处于企业生产的探索阶段。综上可见,产品的智能化技术亟待发展。

(4)辅助性能提升技术欠缺。

随着应急救援环境的复杂化,结构设计、产品舒适性、透气性等辅助功能将在很大程度上影响到应急救援的效率,而现有个体防护类应急企业在个体防护产品辅助性能提升方面技术较为欠缺,还未达到使个体防护产品性能最佳与辅助性能最优均具的技术水平。例如,在结构设计方面,由于人体的形态特征会有较大差异,目前对实际救援情形的模拟和人体特征的掌握还不够,现有技术还不能使防护产品根据使用者的特征进行自动调整,致使相应产品实际防护效果的发挥不好;由于原材料技术的缺乏和加工工艺的不成熟,使最终产品的质量较大,携带不便捷,也不适用于应急救援人员的长时间作业;此外,现有技术着重于提高产品对防护性能,而在对内保护如及时散热、调温等方面的技术发展缓慢。

3.2.2　社会公共安全防范类企业关键技术的发展现状与不足

中国预防防护类应急企业目前提供的设备设施防护技术主要包括公共安全防范技术以及重要基础设施防护技术，对应的防护产品主要包括公共安全防范产品、重要基础设施防护产品两大类，每一类根据其防范重点又可下分为多种不同的产品。整体而言，设备设施防护类应急企业的关键技术横向跨度较大，从计算机技术到半导体技术，从网络信息到物理力学特性，都广泛应用于相关产品的生产制造中。下面分别对社会公共安全防范类应急企业的关键技术和重要基础设施安全防护类企业的关键技术的现状进行分析。

社会公共安全主要包括公众出行安全、避难者行为安全、人员疏散的场地安全、建筑安全等。众所周知，任何突发事件的发生往往会引起人群的慌乱，不利于现场人员的逃生，尤其在公共场所，事故后果往往更加严重，因此在地铁站、客运站、大型商场等人群密集的地方，尤其要注重公共安全防范，做到"有效防范、有序逃生、高效救援"，最大限度地降低人员伤亡及财产损失。公共安全的防护除了现场工作人员的有效管理外，还必须依托于基础的社会公共安全防范产品。目前，中国预防防护类应急企业生产的社会公共安全防范产品涉及视频监控设备、安检设备、各类识别器材及其他各类电子设备，这些产品的防范重点在于监控、检测、追踪等，其主要目的是事先预防紧急情况的出现。其中视频监控系统是多媒体技术、工业控制和人工智能等技术的综合运用的产物，它正向着音频、视频的数字化、系统的网络化和管理的智能化方向不断发展（杨建全等，2006）；安检技术涉及机械、电子、计算机、光学、电磁学、化学、核物理等多个学科（陈伟珂，2015）；其他各类设备、器材的关键技术也主要包括计算机技术、信息采集传输处理技术、各类探测技术等。不同产品的具体关键技术如表3-6所示。

表 3-6 **社会公共安全防范产品的关键技术**

主要设备	具体产品	关键技术
视频监控设备	监控摄像机、网络视频服务器等	(1)试音编码技术、解码技术; (2)数字技术; (3)计算机、网络技术; (4)图像处理、传输技术。
出入口控制防范系统	阻车器、电控锁等	(1)电子与软件信息技术; (2)自定义符识别、模式识别技术。
安检防爆设备	安检设备 (如安全检查门等)	(1)金属探测技术; (2)液体检测技术; (3)X 射线检查技术。
	防爆处置设备 (如防爆罐,爆炸物现场勘察箱等)	(1)金属探测技术; (2)爆炸物现场勘察技术; (3)危险品检测技术; (4)计算机控制技术; (5)图像处理技术。
	防恐设备	频率干扰仪、毒气探测仪等
电子巡查系统设备	巡更棒、通讯座、人员卡	(1)IC 卡技术; (2)移动识别技术。
消防技术产品	排烟设备	(1)机电式排烟技术; (2)离心式汽油动力排烟技术; (3)排烟和消烟技术。
	燃气泄漏报警器	(1)气体传感器技术; (2)控制联网技术。
	消防炮	(1)无线移动电控技术; (2)火灾探测技术; (3)图像处理技术。

续表

主要设备	具体产品	关键技术
消防技术产品	灭火枪	环保型压缩空气泡沫灭火枪：火箭喷射技术，灭火剂采用了环保型泡沫。
	自动灭火装置	(1)热能、火灾、烟感探测技术； (2)自动灭火技术； (3)远程监控技术； (4)数字化温度控制技术。
人体生物特征识别技术		(1)指静脉识别技术； (2)近红外光采集技术； (3)人脸识别技术。

社会公共安全防范类应急企业关键技术的不足在于：

(1)信息采集传输处理技术问题层出。

信息采集传输处理技术是公共安全防范类应急企业的关键技术之一，但是随着科技的进步，该技术不仅迎来了新的发展机遇，也同样面临着很多挑战。一是信息的安全问题，目前监控设备、探测设备等搜集的信息都存储于电子计算机内，并通过网络等途径传送给计算机，这些信息在传输过程中极有可能受到各种类型的威胁、干扰和破坏，从而对公共安全的防范造成不利影响，妨碍应急工作的开展；二是内存问题，进行公共安全防范，每天都要搜集大量信息，这对计算机的内存提出了更高的要求；三是传输速度问题，信息的传输速度对于应急工作开展的效率有着决定性作用，目前信息的传递速度虽然已经较快，但还会受网络信号等各种因素的影响，新的高效信息传递技术有待开发。

(2)多种跨学科跨领域技术融合不够。

公共安全防范类应急设备的关键技术涉及机械、电子、电磁学、化学等多个学科，是多媒体技术、计算机网络、工业控制和人工智能等技术的综合体，技术的融合和提升是一个跨领域的研究方向，是目前公共安全防护类应急设备亟待解决的问题。此外，公共安全防范技术中的视频监控技术目前在对目标的检测、跟踪、识别上还有所欠缺，这些功能的提升必须依赖多种技术的共同参与。因此，若要解决这些问题，则要积极探索对多种技术有效融合的可行途径，在不断加强研究的基础上，及时将新型研究成果产品化。

3.2.3　重要基础设施安全防护类企业关键技术的发展现状与不足

重要基础设施安全防护产品涉及工程建设、工业生产、自然灾害等各方各面，相对于个体预防防护类应急企业而言，重要基础设施安全防护类应急企业的发展比较缓慢。中国多数预防防护类应急企业生产的基础设施安全防护产品的主要防范方向是防雷电、减振隔震、防泄漏、防火、防爆。防雷产品的生产随着电脑网络和通信设备的广泛使用愈发受到重视，主要防雷产品包括电源防雷器、信号防雷器、测量和控制系统防雷器等，其关键技术是半导体技术，防雷新型材料的出现多依赖于半导体技术的发展。减隔震技术在桥梁、铁路、高耸构筑物等建筑的减振防震方面发挥着关键作用，主要通过增加隔震层、效能减震两种方式实现减隔震（梁彬，2008），其技术的关键在于阻尼器和隔震器的效果。堵漏设备涉及很多方面，既包括日常生产中的预防性堵漏，又包括应急救援中的防护性堵漏，目前堵漏设备的关键技术主要是带压堵漏技术。防火器材是最常见的基础设施安全防护产品，前已述及，此处不再赘述。防爆技术的实现主要依赖于防爆变频器、电磁兼容器的发展。此外，紧急逃生装置也是重要基础设施之一，在事故灾难前，紧急逃生装置可以在很大程度上帮助人们迅速逃离灾难现场，在很大程度上减少人员伤亡，目前中国的应急逃生装置主要包括紧急逃生滑道、逃生梯、缓降器等，此类逃生装置主要针对普通家庭和个人使用。各防护方向的主要产品及关键技术如表 3-7 所示。

表 3-7　　　　中国重要基础设施安全防护产品及其关键技术

防护方向		防护产品	关键技术
防雷电	防雷装置	电源防雷器、信号防雷器、测量和控制系统防雷器等	半导体技术
减振隔震	隔震装置	隔震器(橡胶隔震支座等)	(1)隔震技术; (2)削减震技术; (3)减震控制技术。
	耗能装置	流体阻尼器 耗能阻尼器	
防泄漏	堵漏器材	堵漏毯、堵漏箱、堵漏板等	带压堵漏技术
防爆	防爆设备、阻火抑爆装置	防爆探照灯、应急发电机等照明设备;防爆移动电话、防爆对讲机等通信设备	防爆变频器、电磁兼容器
其他	紧急逃生设施	逃生缓降器	(1)以耐燃材料等特殊材料为原材料; (2)速度控制技术。

重要基础设施安全防护类企业关键技术的不足在于:

(1)重要基础防护设施安装技术的不足。

目前,多数基础设施安全防护类应急企业的研究重心在于如何提升产品本身的性能,而忽略了现场安装中可能存在的问题,而重要基础设施的安装是否合理是其能否有效发挥作用的关键。例如,防雷装置只有在正确合理安装的前提下,才能有效发挥其防雷电的作用,因此如何开发从防护设备生产到安全的系列化技术是目前面临的难题。

(2)重要基础防护设施的失效问题频发。

重要基础设施往往在较长时间内都不被使用,会失去灵敏度甚至失效，达不到预防防护的效果。例如，市场上很多自动连锁装置在长时间未使用的情况下会出现失效的情况，到了事故真正发生的时候无法正常工作，形同虚设，完全不能发挥防范作用。但是，目前尚未开发出能够保证这些自动化装置在长期未使用状态下仍能保持良好性能的技术，仅仅通过定期的维修确保基础设施能够正常工作，效果往往不够理想，因此，开发一种新的技术用以维持重要基础设施的长期有效显得尤为重要。

（3）重要基础防护设施技术的更新缓慢。

由于重要基础防护设施一般主要用于大型建筑，其使用年限较长，且防范对象如雷电、自然灾害等性质的可变性较小，因此致力于重要基础防护设施生产技术的研究相较于其他预防防护类应急技术的研究较少，同时由于其加工工艺、物理结构比较复杂，对加工设备的要求较高，最终导致的重要基础防护设施的技术更新较为缓慢。

3.2.4 防护材料类企业关键技术的发展现状与不足

目前企业主要生产的防护材料包括防火材料、防辐射材料、防腐蚀材料，这些防护材料本身是预防防护产品，同时也可以用于制作防护服和其他各类防护装备，如防火门、防辐射服、防腐蚀器材等。防护材料的生产主要依赖各类纺织企业，纺织技术是决定防护材料性能的关键技术之一。目前生产最多的是各类防火材料，其关键技术主要是功能性填充料及其他各种材料的复配，这也决定了防火材料的生产主要受限于专用于防火材料的原料研究。防辐射材料是目前企业生产技术相对匮乏的一种防护材料，目前技术较为先进的防辐射材料包括金属纤维防辐射材料、深海沉淀面料、银纤维防辐射材料，防辐射材料制造的主要原理是吸收和散射辐射能，主要技术有深海沉淀技术、纳米技术等，但是目前只有少数企业已经掌握并应用了这些技术，多数产品的防护效果不佳。中国防腐材料类企业的关键技术主要是阴极保护专业技术，该技术目前已得到了广泛的应用，中国防腐材料类企业的发展也日趋成熟，现有防腐材料的性能普遍较好，防腐材料在个体防护产品的生产、基础设备设施的生产等各方面都得到了广泛应用。通过归纳可以发现，各类防护材料的生产主要依托纺织企业，防护材料性能提高的关键在于原料性能的提高以及多功能混纺技术、多功能复合整理技术的提高，相应的具体产品及关键技术如表 3-8 所示。

表 3-8　　　　　　　　主要防护材料的关键技术

材料类别	具体产品	关键技术
防火材料	防火涂料	(1)功能性填料复配技术； (2)功能性填充料的表面处理技术； (3)聚合物/层状硅酸盐纳米插层技术； (4)复合纤维自替代技术； (5)聚合物粘结剂复配技术。
	防火封堵材料	(1)封堵各种贯穿； (2)由粘结剂、耐火材料、阻燃剂、纤维、金属等制成； (3)主要考虑制作原料的性能。
防辐射材料	深海沉淀面料 金属纤维防辐射材料 银纤维防辐射材料	(1)主要原理是吸收和消散辐射能； (2)主要技术如：深海沉淀技术、电镀技术、纳米技术等。
防腐蚀材料	有机和无机涂料、玻璃钢、橡胶制品等	阴极保护专业技术

防护材料类应急企业关键技术的不足在于：

(1)多功能复合整理技术多方受限。

多功能复合整理技术是集两种或多种功能复合于一体以提高产

品的档次和附加值的材料生产技术,该技术已在棉、毛、丝、化纤、复合及其混纺交织物整理中得到越来越多的应用(张兰,2016),对于防护材料的生产十分重要。但是目前多功能复合整理技术的发展仍面临很多难题。首先,防护材料的多功能整理需要考虑不同因素间的相互影响,比如同一种防护材料需要具备不同的性能,这些性能之间会存在相互的影响,甚至是相互矛盾的,尤其是复合整理过程中化学试剂的选用是难题。其次,防护材料的性能必须经过相应的检测,检测过程中也存在着很多问题,如何实现复合功能纺织品进行原位多功能检测,也成为了亟待解决的问题。最后,在混纺过程中,必须严格控制混纺的比例才能使防护材料具有预期的性能,而混纺最佳比例难以确定,难以控制。

(2)电子传感技术的应用有待探索。

有学者提出(朱华,2012),利用现代电子和传感技术可以开发出多种智能纺织品,例如将一种有毒介质探测织物,通过将光导纤维传感器结合到织物中赋予其危害因素探测功能,当这些传感器接触到某些气体、电磁能、生物化学制剂或气体有毒介质时,会产生相应的报警信号,提醒暴露在危险环境中的穿着者。而就目前防护材料的生产技术而言,电子和传感器技术并未有效融合于纺织技术中,防护材料的智能化进程较为缓慢。

(3)现有技术加工过程中问题频出。

目前防护材料的生产主要依赖于纺织企业,利用现有生产技术进行生产时还会出现断头、静电现象等多种问题。防护材料的加工是一个较为复杂的过程,需要经过多项加工工艺,同时防护材料的物理、化学性能各异,为其加工提出了难题。一些特种加工方法,如激光加工、高压水射流加工、电火花加工、超声波加工等可以部分地克服加工中存在的一些困难,但会出现材料烧焦、浸水、裂纹等问题(施榍梧等,2013),影响材料的使用性能。

3.3 救援处置类企业关键技术的发展现状与不足

　　救援处置类企业主要生产应急电源、应急通信、应急指挥、应急电源；医疗应急救治、卫生应急保障等产品；事故应急救援、工程抢险、特种设备事故救援、突发环境事件应急处置、疫情疫病检疫处理、反恐防爆处置等产品。就救援处置类装备涉及的范围而言，由于人类救援理念及救援需求的不断发展，很难有极为严格准确的规定性和限定性。本书根据所属领域及功效用途的不同，将救援处置装备分为现场保障类、生命救护类、抢险救援类三种。在本书中，研究范围限定于突发事故现场救援处置专用产品，使得研究成果更加具体且有针对性。本书将现场保障类、生命救护类、抢先救援类应急产品的关键技术进行归纳总结，如表 3-9、表 3-10、表 3-11 所示。

表 3-9　　　　　**现场保障类处置救援产品的关键技术**

类　　别	产　　品	关键技术
应急通信	·卫星电话	卫星通信技术
	便携式无线定位设备	GPS 定位技术
应急指挥平台	现场指挥基站	短波通信技术 集群通信技术
	车载短波电台	
	单人背负短波电台	
	超短波手持台	
	对讲机	

类　别	产　品	关键技术
应急电源	EPS应急电源	逆变技术 双向转换技术
	UPS不间断电源	
	自备柴油发电机组	
供水保障	反渗透净水设备	活性炭吸附技术 反渗透技术
	移动式饮用水处理系统	

表3-10　　**生命救护类处置救援产品的关键技术**

类　别	产　品		关键技术
生命探测	生命探测仪	音频生命探测仪	振动感应技术
		红外生命探测仪	红外感应技术
		雷达生命探测仪	电磁波感应技术
卫生保障	淋浴车		化学洗消技术 生物洗消技术
	卫生防疫车		

表3-11　　**抢险救援类处置救援产品的关键技术**

类别	主要产品	核心技术
火灾消防	消防车	举高喷射技术 底盘保障
	消防机器人	传感器技术 自动化技术
	自动灭火系统	传感器技术 智能化技术
矿难救援	矿用潜水泵	叶轮结构设计
	可移动式救生舱	抗冲击能力 舱内制冷技术
道路救援	全地形车	高机动性技术
	随车起重运输车	随车吊技术
	整体自装卸车	整装整卸技术

续表

类别	主要产品	核心技术
建筑物废墟救援	手动破拆工具	操作者自身的力量来完成救援工作
	电动破拆工具	电能转换为机械能
	机动破拆工具	化学能转换机械能
	液压破拆工具	高压能量转换为机械能
	气动破拆工具	高压空气转换机械能
	弹能破拆工具	以弹药爆炸所产生的高压气体为动力源
防汛抢险	冲锋舟	船体结构与船身材料
	吸水膨胀袋	高吸水树脂的应用

3.3.1 现场保障类企业关键技术的发展现状与不足

（1）应急通信类设备的关键技术。

目前，中国处置救援类应急企业生产的卫星电话的核心主要依赖于强大的卫星通信系统。卫星通信系统的原理为地球同步卫星接收从地点 A 发出通信信号，通过同步卫星上的通信转发器实现信号放大、功率放大、变频等，然后再将信号发射到地点 B，以此实现两地间的远程通信。一般使用现有的卫星电话主要有海事卫星电话、铱星卫星电话、欧星卫星电话，它们分别依托于不同的通信卫星系统。便携式无线定位设备的核心装置是定位发射器，佩戴者在遇险按动报警间，空间卫星发出信号，卫星就能对其进行不间断追踪，确定遇险人员的具体位置。在陆地、海缆通信传输系统中断，以及其他通信线缆未铺设到之处，它能帮助人们实现信息传输。

（2）应急指挥平台的核心技术。

在现场的处置救援中，应急指挥调度平台是应急指挥中心，为救援处置提供信息保障。现场指挥基站是工作对在勘定现场情况后选取合适的地址架设的，车载短波平台要在第一时间分散到灾区不同的位置，单人背负手持电台和超短波电台是车载电台的延伸，众多设备共同构成交叉的网络，实现远程指挥部、现场指挥部和现场工作队之间的通信联络。应急指挥调度平台其主要依靠的技术短波通信技术、集群通信技术。短波通信技术的强大之处在于在卫星有可能被攻击，通信网络无法正常使用的情况下，短波通信技术依然能通过自身的渠道优势保持通信畅通。短波信号由天线发出后，经电离层反射回地面，又由地面反射回电离层，可以反射多次，因而传播距离很远，而且不受地面障碍物阻挡。集群通信技术是利用共同通道和动态分配等技术组合而成的集群通信系统，为应急条件下多个部门的联合指挥与响应创造条件。

(3)应急电源的核心技术。

应急电源由充电器、蓄电池、逆变器、变压器等装置构成，它能在市电非正常的情况下将原先储存在蓄电池的能量通过逆变技术和双向转化技术将直流电源转化为交流电源，为应急照明灯紧急活动提供条件。因此，应急电源的核心部件是应变器，通常采用 DSP 或单片 CPU 对逆变部分进行 SPWM 调制控制。目前市场上的应急电源主要分为 EPS 应急电源、UPS 不间断电源和自备应急柴油发电机组三种。不同的应急电源在应急停电时间上有所区别，应根据不同的建筑物特点选择不同的应急电源。

(4)供水保障设备的关键技术。

目前，应急饮用水净化装置主要分为：手动式小型水处理设备、固定式小型反渗透净化设备、移动式饮用水处理系统、一体式净化设备、净水瓶等，产品种类繁多、功能齐全。利用活性炭吸附、膜分离等技术的移动式应急饮用水净化装置为灾区人民提供了应急饮用水的保障。活性炭吸附技术利用活性炭疏松多孔的结构特质，形成强的分子吸附力，有效吸附水中的有机污染物杂质。此外，活性炭表面的含氧官能团还能与部分金属离子相结合，达到更好的净水效果。反渗透膜技术的核心原件是具有一定特性的人工半透膜。根据对半透膜的孔径大小和结构性的设计，选择可通过半透膜的分子，将杂质分离开来，从而达到净水的目的。活性炭吸附技术和膜分离技术在应急供水保障中的应用非常广泛。

现场保障类企业关键技术的不足如下：

（1）应急通信关键技术的不足。

卫星通信技术和 GPS 定位技术的使用在应急通信中较为广泛，主要用于支持卫星电话和无线定位设备的使用，以保证信息通畅与人员安全。

从卫星通信技术的技术原理来看，其本身存在着一定的缺陷，例如延时效应和回声效应。卫星电话在使用的过程中需要将信号传到同步卫星，再从同步卫星传到呼入方，这个过程呼出方和呼入方就存在着大约 0.6 秒的延时，所以在使用卫星电话时不能马上接到对方的回话，并且可以听到回声。从技术发展上看，卫星通信技术也有较大的发展空间。卫星通信技术覆盖范围不够全面，存在通信盲区。地球的南北两极区域属于卫星通信的"全盲区"，无法利用同步卫星实现通信。国际海事卫星通信系统和美国铱星通信系统的覆盖范围相对较广。目前中国自主研发的"天通一号 01 星"已经发射成功，新技术支持下的卫星通信只能覆盖中国陆地以及整个南海。此外，利用卫星通信技术的通话常常信号较弱，常常需要依靠外接天线进行放大信号。使用铱星系统卫星电话时，卫星与卫星的交替常常导致信号的波动甚至是断开，信号稳定性较差。在便携式无线定位设备中。GPS 定位技术运用已经相当成熟，但仍然有不完美的地方。例如 GPS 比较适合用在环境开阔的地区，对于环境较差的老城区、建筑物密集复杂的城市区，其定位的误差较大。而且 GPS 定位技术不适合用在井下、地下停车场等封闭空间。

（2）应急指挥调度平台关键技术的不足。

应急指挥平台的灾害救援处置中的中心作用主要是通过短波通信技术、集群通信技术和图像成像技术实现的。从短波通信技术看，短波通信的频带窄，现有的带宽在很大程度上限制了信道的容量，对整体数据的传输效率也有很大的影响。此外，短波通信信道差、衰耗大。在短波通信中，电离层随时间、季节等因素变化，短波通信的质量都会受到影响，传播过程中信号衰耗较大，信号不够稳定。集群通信技术为应急状态下统一指挥的创造了条件，但现有的集群通信技术云溪的通信频率较低，在应急救援中无法进行高速率的信息传输，很容易造成信号通道的堵塞。另外集群通信设备非常容易被窃听，保密性和安全性较低。

（3）应急电源关键技术不足。

目前来看，依靠逆变技术和双向转化技术的应急电源整体转化效率不高，直流电源不稳定。一方面看，现有的逆变技术对于拓扑结构、控制算法方面的优化程度不够高，新材料与新元件的应用未形成规模，开关损耗较大，能量利用率低。另一方面看，在逆变过程存在一定的死区时间，使得 PWM 波在转化时含有一些不易滤掉的低频次谐波，产生输出电压的波形畸变，电压的稳定性不足。

（4）供水保障设备关键技术的不足。

活性炭吸附是利用活性物质物理吸附性质的净水技术，吸附能力很强，但经过活性炭吸附过滤的水体还不能达到饮用标准，换句话说，活性炭吸附技术对饮用水的净化不够彻底，活性炭吸附具有一定的局限性，当吸附物质的孔隙达到饱和，就会失去吸附作用，所以仅适用于污染程度较低的饮用水的净化。反渗透技术是目前应用最为广泛的一种净水技术，它能对水质进行较为彻底的清洁，但反渗透技术对硼酸分子的隔离率较低，有益分子保留较少。此外，反渗透膜的性能以及膜的去除效率还有待提升，各种智能膜和仿生膜等新型材料的组合与应用仍然处于试验阶段。而且，渗透膜的分离技术落后，膜污染问题成为反渗透净水的副产物，形成二次污染。

3.3.2 生命救护类企业关键技术的发展现状与不足

依据 2015 年《应急产业重点产品和服务指导目录》中的分类，生命救护类产品共分为生命探测、医疗救护和卫生保障三个类别，但由于医疗救护类产品是有着更宽广的使用范围应急处置救援的专用产品，在本书不多加陈述。本书重点介绍处置救援中生命探测和卫生保障类产品的关键技术。

（1）生命探测仪的关键技术。

在一些建筑物废墟复杂条件下，严重依赖于生命搜索技术。这类技术对人体发出的信号频谱，具备极高的响应灵敏度，对人与动物发出的信号频谱具有较强的分辨率。最常用的生命探测仪有音频生命探测仪、红外生命探测仪、雷达生命探测仪三种（侯培国，2014）。其中，音频生命探测仪的技术原理是振动感应技术，即利用振动传感器搜集救援现场的振动信息，排除周围的噪音的感染，从而确定被困人员的位置。红外生命探测仪利用的是红外感应技术。它能感知物体温度的差异，将接受到的人体红外辐射能量转成电信号，处理过后显示出红外热像图，以确定被困人员的位置。雷达生命探测技术是目前较为先进的生命探测技术。它可以凭借感应人体心脏发出的超低频电波来确定幸存者的位置，主要优势在于穿透性好，准确性高，抗干扰能力强。

（2）洗消设备的关键技术。

应急现场的卫生保障设备主要有淋浴车和卫生防疫车。目前淋浴车采用燃油空气加热器取暖，使用多体位脉冲淋浴技术，大幅度降低了用水量，提高洗消作业的效率和质量。卫生防疫车卫生防疫车主要用于野外大面积的病原微生物和媒介昆虫的消杀处理。整车采用越野底盘，具有较好的野外机动能力。配备的洗消设备齐全、高效，由便携式烟雾机、背负式喷雾机和超低容量喷雾机组成

洗消设备的关键技术主要分为物理洗消技术和化学洗消技术。物理洗消技术利用紫外线、电离辐射等物理方法杀灭病菌，或者通过洗、刷等机械操作清除病原体。化学洗消法运用洗消剂作用与病原体改变其生存环境从进而达到杀菌目的。化学洗消剂一般具有强氧化性。此外，生物洗消技术是新型的洗消工艺，其主要原理是形成不利于病原体生存的环境使其失活从而杀灭病菌。但是该过程缓慢，效果不稳定，技术方法尚待进一步的研究，事故处置中应用较少。

生命救护类企业关键技术的不足如下：

（1）生命探测技术的不足。

振动感应技术的原理就是声波的传播，通过探测地下微弱的声信号，如被困者的呻吟、呼喊、敲打等行为产生声波和振动波来确定被困者的生命特征。显然，在处置救援时采用振动感应技术的生命探测仪很容易受到外界噪声的影响，如机械救援的噪声、建筑物倒塌的噪声等。而且振动感应探测技术不能对被困者和施救者发出的声波信号加以区分，现有的振动感应技术对噪音的过滤以及有效信号的判断技术还不成熟。红外感应技术将人体向外辐射的能量在红外传感器上转化为电信号，通过红外成像图确定人员位置。红外探测技术的缺点是探测范围有限，而且不能分清人和动物，盲目性较大。电磁波生命探测技术能够穿透障碍物自动目标锁定人体心脏所发出的电磁波，且探测范围广，定位准确目前来说是较为先进的一种仪器，但较厚的建筑物会造成单天线连续波收发的饱和，直接影响生命探测的灵敏度。

从总体上看，救援处置生命探测技术的问题有以下几点：第一，现有的生命探测技术的形态较为单一，没能整合到统一平台实现生命探测技术的互通。第二，现有的生命探测技术都是只能探测到单一的生命特征，还不能从回收信号中判断出被困的人数，多人识别的技术仍在研发当中。第三，生命探测的准确度与灵敏度从很大程度上由传感技术决定，所以生命探测技术与传感技术的有效整合具有非常宽阔的前景。

（2）洗消技术的不足。

在物理洗消技术中，紫外线消毒是最常用的洗消方法。但紫外线没有持续消毒能力，并且可能存在微生物的光复活问题，而且紫外线的衰减强度大，只适用于表面杀菌。因此，这种方法最好用在处理水能立即使用的场合、管路没有二次污染和原水生物稳定性较好的情况。化学洗消技术具有一定的长效性，但是依旧存在洗消不彻底的现象。最重要的是，化学洗消的残留物质可能会对人的健康产生较大影响。生物洗消技术当前仍然不成熟，可靠性不高，消毒效果难以确定，因此在应急后勤保障设备的应用中比较少见。总的来说，物理洗消技术和化学洗消技术各有缺点，但稳定性较高，生物洗消技术拥有无法代替的优势，但目前技术发展缓慢。

3.3.3　抢险救援类企业关键技术的发展现状与不足

（1）火灾消防设备的关键技术。

火灾的处置救援的主要产品包括消防车、消防带、灭火器等常规设备，也包括灭火机器人、自动灭火系统等新型高科技设备。在常规设备中，举高消防车和泡沫消防车是火灾救援的主力军，举高消防车利用液压装置与工作臂结构的配合完成高层火灾的扑灭。泡沫消防车运用压力装置将水和泡沫按一定比例混合，然后用消防枪喷出，扑灭火源。值得注意的是，所有的消防车对底盘质量的要求都非常高，它是保证消防车安全性和稳定性的基础。

新型高科技产品代表着消防技术的进步。消防机器人可以代替消防队员进入火灾现场（倪银堂，2017），携带摄像设备和传感设备收集火情信息。消防机器人在火灾现场自由的活动是现代自动化技术的体现，而信息的收集主要依赖于传感器技术。自动灭火系统是将摄像头固定在消防水炮上方，自动识别摄像头中捕获到的火苗，进行火势大小的判断，然后控制消防水炮对准火苗位置，喷射水柱将火苗熄灭。由此可见，自动灭火系统的功能依靠传感器技术和智能化及时来实现。

（2）矿难救援设备的关键技术。

当前矿井灾害的处置救援设备有矿用潜水泵、可移动式救生舱。矿用潜水泵用于处理矿井的透水事故，使用时将潜水泵主体嵌入水中，通过叶轮振动将井内渗水抽出。叶轮是矿用潜水泵的核心水力原件，它能改变泵机内液体的扩散效率，对矿井水灾的应急救援效率有直接的影响（孔繁余，2011）。可移动式救生舱是能在矿难发生时为受困人员提供至少 96 小时生存保障的庇护空间，其安全性和稳定性依靠舱体的抗冲击能力和舱内制冷能力有关。救生舱抗冲击能力与舱体的结构设计，板材的厚度性能等要素有关。当前的可移动式救生舱主要的制冷技术有蓄冰制冷技术和液态二氧化碳制冷技术(张甲瑞，2013)。

(3)道路救援设备的关键技术。

道路救援设备用于应急状态下的道路的疏通与重型机械的运输。全地形车的作用主要是保证在各种复杂地形和狭小地域的情况下救援物资的正常运输，高机动性是指应急运输车在复杂地形条件下快速改变速度和方向的能力，以及也是全地形车在紧急状态下必须实现的功能，主要运用悬挂技术、轮履互换等技术保证应急运输车的高机动性。整装整卸技术和随车吊技术主要用于一定数量的大型设备从所在地到救援现场的运输。整体自装技术利用伸缩臂水平滑动式、伸缩臂摆动式等自装形式，通过自身系统完成放舱任务，不需要其他起重设备的支持。随车吊设备的液压阀连接液压油泵和发动机，通过取力器将发动机的动力取出，利用多路换阀改变液压油的走向来控制设备中某个部分的操作。

(4)建筑物废墟设备的关键技术。

破拆工具是用于发生火灾、地震、车祸、突击救援情况下的快速破拆、清除防盗窗栏杆、倒塌建筑钢筋、窗户栏等障碍物的工具，也是建筑物废墟下人员救援的主要设备，共分为手动、电动、激动、液压、七栋、弹能六个类型，主要配备给消防、交警、武警部队等专业救援队伍。手动破拆设备由撬斧、镐、锹等设备构成，依靠人工来完成救援工作。电动破拆设备的设备一般有电钻、电锯、电焊机等，其主要原理是将电能转化为机械能。将燃料的化学能转为为机械能可供机动锯、挖掘机等设备在处置救援中发挥作用。液压剪钳、液压顶杆等液压破拆装备的核心技术为液压技术，通过液压装置将高压能量转化为机械能。气动破拆装置和弹能破拆装置的核心技术分别是高压空气的是和弹性能对机械能的转化作用。

(5)抗洪防汛设备的关键技术。

冲锋舟作为抗洪抢险救援时的轻制型交通工具，其速度快，体积小，操作灵活的特点是应急状态下有效运送人员和物资的可靠保证。冲锋舟的关键技术主要体现在船体结构以及船身材料上。船体夹层结构决定冲锋舟的抗弯、抗压强度，这直接影响到冲锋舟救援处置时的安全性和可靠性。而船身的玻璃钢材料的耐腐蚀性、绝缘性和抗老化能力则与冲锋舟的寿命密不可分。吸水膨胀袋目前已经取代传统的沙袋成为抗洪抢险、防止堤坝被冲垮的主要产品。它的主要原理是将人工合成的高分子树脂膨胀剂装入透水性能较好的无纺布外层袋。高分子树脂膨胀剂在遇水后迅速膨胀，最大可达到原体积的 100 倍(刘岚，2006)。

抢险救援类企业关键技术的不足如下：

(1)火灾消防关键技术的不足。

首先，对于常规消防车来说，举高消防车对于场地的要求非常高，必须在硬地上作业，并且周围没有阻挡物。泡沫消防车，灭火技术较为落后，大多数消防车仅配备高压喷水的灭火装置，新型的灭火技术，如气悬体消防技术、纳米技术与消防车平台的结合并不充分。其次，新型灭火装置在实际中没有得到广泛应用，原因在于传感器技术、自动化技术、智能化技术的应用都不算成熟，现有技术水平还不能满足这些新型火灾消防设备的技术要求。例如，如消防机器人对火灾现场的火情大小、距离测量的准确度不够高，自动灭火装置对于火苗的定位，火势的走向判断能力不足。此外，消防机器人的自动化水平(如爬梯能力)和抗干扰能力都有待提高。

(2)矿难救援设备关键技术的不足。

目前，企业生产的矿难设备的效率过低，能源损耗率较大。矿井潜水泵中叶轮的结构优化空间还有很大，湿式电机的强度和稳定性不高。由于国外对技术的锁定，现有的矿井潜水泵的内在机理还没有得到完整的解析，为矿井潜水泵关键技术的突破带去很大的阻力。我国对可移动式救生舱的研发起步较晚，但是起点较高，很多技术还在不断的探索和融合当中。目前企业生产的可移动式救生舱的抗冲击性距发达国家的标准还有一定的差距，一些技术还在引进、购买甚至是仿造，矿难救援类应急企业的创新难度大，企业的积极性不高。

(3)道路救援设备关键技术的不足。

第一，现有的应急运输车普遍采用的是货车或客车的底盘改装，越野性能差、集成化程度低，不能满足处置救援高机动性的要求。第二，整装整卸技术和随车吊技术主要依赖于强有力的液压装置，但当前的液压技术无法满足应急车辆的装卸要求，使得整装整卸技术和随车吊技术的发展一直滞后。第三，应急运输车的先进技术和优良工艺几乎完全依赖于进口，主要以德国为主，我国应急运输车辆生产企业的自主创新能力较低。

(4)建筑物废墟救援设备关键技术的不足。

目前市场上的破拆设备的产品标准统一，强度、质量、可靠性、抗滑移性能还不能达到国外的严格要求。大多数破拆设备生产企业的创新能力不足，以至于市面上的破拆设备技术含量较低，同质化严重。并且，现有的破拆设备大多以人工操作为主，破拆机器人的逐渐普及使得现有企业生产的破拆设备在市场竞争中处于劣势，破拆设备的关键技术应更多地往智能化、自动化的方向发展。

(5)防汛抢险设备关键技术的不足。

目前来说，防汛抢险设备的关键技术还不能完全满足处置救援的要求。例如冲锋舟没有安装逆流和定位装置，在激流救援中不能实现有效定位，开展高效救援。冲锋舟的防颠覆不够先进，抗风浪能力差，稳定性不高。此外，冲锋舟船身材料玻璃钢和聚酯纤维耐磨性能差、易老化等问题没有得到有效的解决，新材料的应用效果不突出。高吸水树脂在吸水膨化袋的使用已经粗具规模，但其技术理论发展还不够完善。对于吸水膨胀袋的材料的耐用性、可循环性、环保型的技术研究不足，技术创新的发展空间依然很大。

3.4 应急服务类企业关键技术的
发展现状与不足

应急服务类企业主要生产发展风险评估、隐患排查、消防安全、安防工程、应急管理市场咨询、紧急医疗救援、交通救援、应急物流、工程抢险、安全生产、航空救援、海洋生态损害应急处置、网络与信息安全、灾害保险、北斗导航应急服务等。应急服务分为事前预防服务、社会化救援、决策与通信类应急服务三个方面。中国应急服务类应急企业提供的服务类型各异，主要产品和技术覆盖较广，下面将从这三个方面分类对中国应急服务类应急企业关键技术的现状进行论述。

3.4.1 事前预防服务类企业关键技术的发展
现状与不足

事前预防服务类应急企业主要提供事前预防服务，通过风险评估找出具有高危事故发生风险的重点地域或项目。风险评估服务包括公路工程建设、水旱灾害防治、各种自然灾害风险评估及煤矿瓦斯、危化品、核泄漏等重大危险源的风险评估及应急决策服务。事前预防服务还包括工程隐患探测与处理，消防设施安全及人员培训，机场、火车站等公共交通的安检及技术维护，应急管理系统等的其他事前预防服务。目前，风险评估服务的关键技术有风险辨识、预估、评价、处理技术等。常用方法包括查阅文献材料法、检查表法、故障树法、层次分析法、蒙特卡洛法、模糊综合评价法等。隐患排查的关键技术是隐患的辨识与处理；消防安全主要依赖于消防安全监测系统以及各种先进设备；安防服务关键技术是安防综合与预警系统、探测技术；其他事前预防服务主要依赖于基于物联网应用、云模式的监控、大数据的分析、智能传感和卫星遥感定位等技术的应急服务系统。这些关键技术都在逐渐完善，趋于成熟。事前预防服务类应急企业服务类型的主要内容和关键技术如表3-12所示。

表 3-12　事前预防服务类应急企业的主要内容和关键技术

服务类型	主要内容	关键技术
风险评估服务	公路工程建设、水旱灾害防治、各种自然灾害风险评估及煤矿瓦斯、危化品、核泄漏等重大危险源的风险评估及应急决策服务等	关键技术包括：风险辨识、预估、评价、处理技术等 常用方法：查阅文献材料法、检查表法、故障树法、层次分析法、蒙特卡洛法、模糊综合评价法等
隐患排查服务	水利工程险情探测排查	隐患辨识与处理技术
消防安全服务	消防设计、消防设施安全维护及人员培训	消防设备，如排烟设备、消防炮、灭火枪；消防安全监测系统等
安防工程服务	机场、火车站等公共交通的安检及技术维护	安防综合与预警系统、探测技术
其他事前预防服务	应急管理系统，突发事件应急决策系统，事故模拟演练系统等	应急服务系统：运用物联网技术、大数据分析、云模式监控、智能传感、卫星遥感定位等技术，如，基于云计算 SaaS 模式的突发事件统计分析和预测预防大数据平台、AcroUnite 综合通信平台、SmartINF 智能通知系统、Smart IFR 多路传真系统

事前预防服务类企业关键技术的不足如下：

(1)自主创新能力不足,核心技术水平较低。

目前,我国事前预防服务类应急企业的研发创新能力不足,关键核心技术水平较低。如我国安防行业存在着关键技术开发能力较落后的不足,一些安防行业关键元器件如 CCD 芯片等产品主要依赖进口,安防行业的高端装备设施、智能化信息化核心技术等成为制约安防行业发展的阻碍。自主创新能力的不足削弱了企业行业竞争力,限制了企业长远发展。同时,我国事前预防应急服务技术在物联网应用、云模式的监控、大数据的分析、智能传感和卫星遥感定位等技术等方面仍存有不少缺陷,需进一步提高准确性和实用性。关键应急技术的缓慢发展,严重降低了应急服务的效率和精确度,对应急产业的发展产生了限制。

(2)应急预案有待改进,文本预案效率低下。

应急预案是对潜在的突发事件和紧急事故事先制订有关活动计划,以期防止事故扩大和降低事故损失。应急预案在事前预防应急服务中占据重要地位,决定了应急程序的工作步骤,是控制事故危害范围的有力保障。目前应急服务企业的应急预案以文本预案为主,而文本预案信息传播较慢,缺乏应急服务的时效性。且文本预案更新信息不及时,使得沟通交流受阻。文本预案无法满足应急预案高效、准确、有效、合理的技术要求,效率较为低下,亟待改进加强。

3.4.2 社会化救援服务类企业关键技术的发展现状与不足

社会化救援服务主要在事故发生后给事故现场提供应急救援服务,包括各类突发事件的救援抢险服务。紧急医疗救援服务要求救援中心能迅速掌握现场情况,及时提供医疗设施设备,这就要求其各级响应系统要快速反应,紧急联系,决策果断。交通救援服务的关键技术是道路监控系统和大数据监控,要求应急指挥中心能掌握交通事故情况,并根据路况信息合理安排救援行动。应急物流服务是把应急物资及时送往需求地点，包括物资的储存、运输、物流信息等，其关键技术是利用大数据分析，合理调配物流，并建立应急物资调度平台。工程抢险服务是在工程建设发生重大突发事件时进行紧急抢险工作，关键技术是与救援基地的协调联动服务，现有工程抢险指挥系统。安全生产服务是为保障安全生产提供的各项保障服务，包括安全生产管理条例和保障体系。航空救援服务是利用航空设备设施进行救援服务，关键技术是航空救援统一平台、卫星遥感定位等。网络与信息安全服务是提供网络信息安全维护与保障服务等，关键技术是大数据分析等。目前社会化救援服务大多数需要结合计算机网络技术，以提高救援效率和救援能力，利用大数据分析技术进行救援服务的优化。社会化救援服务类应急企业服务类型的主要内容和关键技术如表 3-13 所示。

表 3-13 社会化救援服务类应急企业的主要内容和关键技术

服务类型	主要内容	关键技术
紧急医疗救援服务	24 小时紧急呼叫服务等	各级响应系统
交通救援服务	综合交通枢纽防灾救灾及应急疏散系统	道路监控系统、大数据监控
应急物流服务	应急物资的储存运输、物流信息等	大数据分析、模拟仿真、应急物资调度平台
工程抢险服务	工程建设突发事件应急抢险	工程抢险指挥系统
安全生产服务	对生产事故进行救援	安全生产管理准则、条例
航空救援服务	利用航空设备进行救援行动	航空救援统一平台、卫星遥感定位等
网络与信息安全服务	信息安全保障与维护服务	大数据分析、云计算监控等

社会化救援服务类企业关键技术的不足如下：

(1)数据难以集成共享,应急数据库需优化。

在应急服务企业建立应急数据库时,常存在数据异构化严重的现象,这加大了数据集成的难度。比如为地质灾害提供应急服务时,现有的地质灾害数据库多为基础建立,数据分散在各业务部口且数据采集、汇交、验收的标准不同,数据库格式异源异构,难联合应用。另外,数据分布存储于各级部口,集成度较低。数据交换和更新机制不完善,关联性较差。当数据录入标准不统一时,数据质量较差。应急数据库的建立对于提供应急服务具有重要意义,因现阶段数据库的设计与施用不能完全集成异构数据,导致其实用性较低,需进一步优化加强。

(2)应急平台尚不成熟,精确高效有待提高。

目前,中国的应急服务类应急企业创建的应急平台尚不成熟,仍存在一些不足。一是,应急平台搜集汇总信息不够及时或者不够精确。突发事件发生时,应急救援服务分秒必争,一旦信息汇总不及时,可能会贻误最佳救援时机;若信息不精确,可能会对应急服务效果产生负面影响。二是应急平台缺乏高效的应急处置能力,面对事故险情无法第一时间做出最合理的建议,并予以实施。三是应急平台缺乏有效的各领域专家会商机制,参与灾情紧急会议的专家所属领域有限,无法达成多学科、多研究单位共同协商,降低了灾情紧急会议研究效果。四是由于技术原因,应急平台与事故现场的交流联系受限,无法很好地达到应急服务的效果。

(3)救援硬件设备不足,应急救援力量分散。

我国应急服务企业提供社会化救援时,时常因硬件设备跟不上而妨碍救援效果。如进行航空救援时,应急企业在提供航空救援服务时可用的直升机数量较少,不满足救援需要。同时,有些救援专业装备较为落后,专业化程度较低,且指挥体系尚未成熟,不能保障整体应急救援效率。我国社会化救援服务类应急企业的救援力量较为分散,缺乏足够的统筹和协调,没有建立成熟的、利用救援资源进行灾害应急救援的指挥系统,仍有较大的上升空间。社会化救援服务要求配套的成熟的硬件设备的保障和集中的有效的救援力量的支持,才能更好地发挥应急救援的效果。

3.4.3 决策与通信类应急服务类企业关键技术的发展现状与不足

决策与通信类应急服务中，灾害保险包括巨灾保险和航空医疗保险等，其关键技术是对灾害的预测和评估能力，能合理制定灾害保险指标。北斗导航应急服务是结合通信卫星及其他通讯手段来建立应急指挥平台以提供应急服务，其主要依赖于卫星遥感定位技术。测绘保障服务需要快速获取灾害现场信息，进行地图编制和影像解译等并进行指挥决策，其关键技术是智能传感和 3D 成像技术。决策与通信类应急服务类应急企业服务类型的主要内容和关键技术如表 3-14 所示。

表 3-14　　决策与通信类应急服务类应急企业的主要内容和关键技术

服务类型	主要内容	关键技术
灾害保险	巨灾保险，航空医疗保险等	灾害预测与评估系统
北斗导航应急服务	利用北斗导航系统进行应急通信和决策服务	卫星遥感定位
测绘保障服务	灾害现场信息快速获取，各类专题地图编制及影像解译与灾情分析评估，应急地理信息指挥决策平台	智能传感、3D 成像技术

测绘保障服务目前主要依靠地理信息系统进行运作，已逐渐丰富和完善，但仍存在一些问题。比如测绘装备较为落后，智能传感所得结果不准确，3D 成像技术发展不完善。且该地理信息系统数据共享程度较低，无法更好地利用掌握的信息进行判断和决策。在测绘时没有拥有丰富的测绘资源，使得测绘效果不能得到发挥，妨

碍了测绘保障服务的进行。测绘保障服务对灾害现场的信息要快速获取，需要良好的影像解译能力和应急通信技术，要建立地理信息决策平台需要良好的技术支持。

第 4 章

中国应急产业技术创新路径

4.1 应急产业技术创新的基本方向和过程

4.1.1 产业技术创新宏观技术路径

企业的技术创新离不开政府等各方面的支持，只有通过以政府为导向、以企业为中心、以科研院所和高等院校为依托的"1+1+2"的创新模式，才能全面保障企业关键技术创新的优良环境，从战略层面上保证企业技术创新的动力。宏观层面的技术创新路径如图4-1所示。

（1）政府宏观调控，保障技术创新动力。

在全面调查、认真分析的基础上，尽快制定相应指导政策、发展规划、产品技术标准等，以保证企业技术创新的动力。首先，通过开展各类典型突发事件应急作业对个人防护的需求调查和分析，了解预防防护类产品、技术的需求方向以及现有产品的实际使用效果；其次，对历次应急作业进行仔细分析，找出应急过程中存在的问题，充分了解应急作业的实际需求；最后，参考国际先进做法，并根据中国灾害事故的特点，综合上述调研及分析结果，针对性地制定各项有关导向性政策，以及应急企业的发展规划，同时开发可靠的、客观的和可以实现的防护装备评价技术和标准，从战略层面上保证企业技术创新的动力。

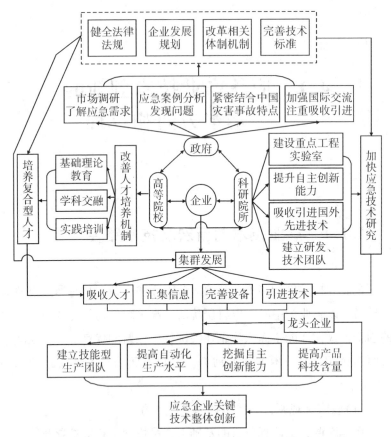

图 4-1　预防防护类应急企业关键技术的宏观创新路径

（2）企业集群发展，提高企业整体实力。

应急企业集群发展能使企业间的交流更加便利，为企业间技术的共享提供了条件，对于企业新技术的开发具有重要意义。首先，选择产业基础好、开放程度高的地区建设几个国家应急产业基地；其次，将人才、信息、设备、技术集中到应急产业基地，在建立技能型生产团队、提高自动化生产水平、挖掘其自主创新能力、不断提高产品科技含量的基础上，重点培育一批创新能力强的骨干应急企业，给予其更多经费、政策上的支持，将其培育为预防防护类应急龙头企业；最后，通过龙头企业的牵头，引导其他中小预防防护类应急企业的技术创新，逐渐形成若干各具特色、产业布局相对集中的预防防护类应急产业聚集区（魏际刚，2012），最终实现预防防护类应急企业关键技术的整体提高。

(3)高等院校协作，挖掘技术人才潜力。

高等院校作为人才培养的主阵地，应在国家政策的指导下，根据应急需求的现状，积极改善人才培养机制，不断进行复合型人才的培养，不断向应急企业输送更多人才。一是要将理论教育与实践培训相结合，既要培养理论性研究人才，又要培养技术操作人才；二是要鼓励学科交融，为跨学科的交流提供保障，为跨领域的技术开发提供前提；三是要大力加强原始创新，以应急市场人才的需求为参考，积极搜集来自科研院所和企业的反馈，据此不断进行人才培养机制的改善。

(4)科研院所协作，提升科技创新能力。

预防防护类应急企业关键技术的提升离不开科研机构的支持，科研机构能够为企业的自主创新提供原动力。首先，需要由政府引导建立持续稳定、有法律保障的合作关系，并帮助科研机构改造或新建一批国家工程实验室、工程研究中心（魏际刚，2012），以提高科研成果的工程化；其次，科研机构本身因不断加强人才的引进，建立一支创新能力强的研发、技术团队，在不断加强自主创新能力的基础上，要积极加强与国际间的交流合作，时刻关注国外最新研究成果并积极引进国外先进技术、吸收其核心技术，并在此基础上继续进行自主创新，最终不断加快应急技术的研究，为企业提供最新科研成果，帮助企业进行关键技术的创新。

4.1.2　企业关键技术从模仿创新到自主创新

技术创新是应急产业发展的重要动力，故选择提高技术创新效率的适当方式是一个值得研究的命题。自主创新体现了一个国家真正意义上的创新水平，有着重要意义，但在选择创新方式时，应结合本国本地区的资金、技术、人才等创新资源的现实状况来决定，盲目地毫无针对地提倡自主创新并不能实现真正的创新，还可能造成时间和资源的浪费。根据我国应急产业的基础和现状，致力于完全的自主创新是不可能的。

首先，应急产业在我国尚属于新兴产业，产业标准还未完善，相关政策分散于各部门文件中，缺乏宏观规划与顶层设计。此外，一些政策还停留在形式化的要求倡导上，没有具体的详细策划与配套措施，如实行政府补贴、税收减免等优惠措施为企业进行应急产品研发制造提供经济利益保障，以及在紧急状况下，明确采购、征用、补偿等政策规定。尤其对于部分中小型企业而言，虽然具备一定的生产基础，灵活性好、效率也较高，但受限于企业规模，融资渠道少、难度大，没有足够资本进行应急产业的自主研发与生产。如果这些问题得不到解决，必然会影响各企业组织参与应急产业建设的积极性与主动性。尽管在 2006 年，国家有关部门（引用）曾给出了应急产业的市场容量在 500 亿~1000 亿元的信号，不过由于对市场整体的开发力度不够，加之应急产业技术研发具有高风险性，并未吸引社会资金流入应急产业。

其次，我国应急产业相关理论研究起步相对较晚，基本的应急技术和工业基础相对薄弱，应急设备、设施较为落后。从近年来发生的大型突发公共事件的救援过程中反映出我国应急装备水平较为低下，如航空应急救援、矿井救援、应急通信等大型、关键的应急装备严重依赖于进口，处于十分被动的状态。此外，应急专业人才也十分匮乏，根本无法满足市场对于人才的需求。在实际应急管理过程中，常常需要从有关单位临时派遣人员，而他们往往既无相关知识储备又无实践经验，导致救援工作效率低下。

对于技术领先国家来说，主要从自身研发活动中取得技术进步，其技术创新的基本路径为：（1）产生新的产品理念；（2）根据新理念进行技术设计；（3）投入生产，实现科技成果的产业化。而在技术相对落后的国家，这个过程则恰好相反。企业通过对发达国家或地区的成熟技术的引入，在对其消化和吸收的基础上进行改进创新，最终掌握自主研发能力。无论是东亚地区还是早期的欧美后发国家，其技术进步的过程都是从技术模仿开始，在对关键技术掌握了之后，逐步过渡到对创新能力的培养，最终才实现自主研发，能独立提出新产品或新工艺技术的创新理念，并解决在实践过程中遇到的难题，开发出新的产品和工艺。下面分析日本、韩国的技术创新模式。

日本是工业革命起步较晚的国家，第二次世界大战结束后，经济一度萧条，技术水平上也远落后于欧美发达国家。20世纪中期，为了改变经济现状，日本政府大量引进发达国家的先进成熟技术，通过对引进技术的吸收、掌握和创新，日本几乎拥有了半个多世纪来各个国家的重大发明和先进技术，仅用了四十多年的时间就一跃成为第二经济大国，极大地节省了研发时间和成本。

日本政府为了引进外国先进技术，派遣大量的人员出国留学，翻译、引入了许多外国的科研文献和资料，并完善了普遍义务教育制度及职业培训机制，加大了对教育的投资力度。同时，通过引进国外先进的机器设备和生产线，在外国专家的协助下建立了一批优秀的示范工厂，并采取各种措施对内推广。值得注意的是，日本政府在引进技术时并不是盲目追求数量或是所谓的"高级"技术，而是根据本国国情适当地选择创新模式，按照实际需求有所侧重地引入，这也是它成为后发国家实现技术创新成功典范的秘诀。日本不同阶段技术引入与发展的侧重点如表4-1所示。日本在引入外国先进技术后，并不是单纯地把所引入的技术依葫芦画瓢套用在生产上，而是在吸收掌握的基础上不断改良和提升，注重技术的国产化和自主化，通过适应性的改动使其与本国国情相适应。其技术吸收的一大特征是博采众长，不过分依赖于某个国家，而是综合各个国家技术中的突出优势，让自己"技高一筹"，如在钢铁生产中引入的高炉技术就是由美国、苏联、法国三个国家的技术合成。

20世纪80年代初，日本已基本结束对发达国家的技术追赶，确立了"技术立国"的方针，基本具备自主研发实力。此时日本各界意识到，长期以来"引进—吸收—改良"的模仿创新模式促进了日本经济的快速发展和技术的飞跃进步，同时也造成了依赖性强、基础研究落后、自主研发能力差等问题，从前的以引进改良为特征

表 4-1　　　　　　　日本不同阶段技术引进与发展的重点

时　　期	发展重点
恢复期(1945—1955 年)	基础工业：钢铁、电力、煤炭
追赶期(1956—1973 年)	重化学工业：机械、钢铁、汽车、石油化工、合成纤维
开拓期(1974 年以后)	尖端技术产业：飞机、原子能、电子计算机、海洋开发

的创新模式可能会影响到产业的持续性发展，因而必须掌握基础研发实力，增强自主发明创新。以此为契机，日本开始了由模仿创新模式向自主创新模式的转变。为了推动基础性科学技术研究的发展，日本政府先后出台了许多政策性法规，以"产学官"形式为主，组建了一些科研机构，重点研究具有极大潜在经济价值的新兴科学技术产业，如表 4-1 所示的原子能、电子计算机等，加大了对自然科学的研发投入以及对研究型人才的培养力度。根据日本总务省统计局的 R&D 调查结果显示，日本的研发支出从 1994 年起呈逐年上升趋势，其后基本稳定在 16 万~19 万亿日元。图 4-2 为其研发支出占国内生产总值的比例也是逐渐上升的，从 1997 年以后 R&D/GDP 的值稳定在 3 以上。在其总务省统计局的网站上还可看到关于日本主要产业的企业研发支出以及女性研究者数量等数据，说明日本十分重视对内自主研发能力的培养。

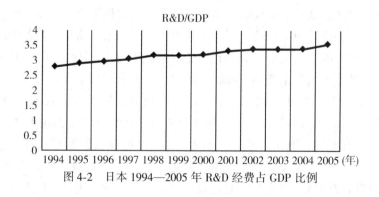

图 4-2　日本 1994—2005 年 R&D 经费占 GDP 比例

韩国的技术创新模式是随着经济战略的实施而不断改进的，从第一个计划经济到最终工业化的转变，是由其产业结构的跳跃式变换所实现的，即它的主导产业从劳动密集型向资本、技术密集型发生了质的变化。与日本相似，韩国的技术创新历程也是从引入技术的复制型模仿到"吸收—改进"式的创造性模仿，最终实现由产学研主导的自主创新模式，对我国应急产业技术创新体系的构建有重要参考价值。

(1)韩国政府主要以技术贸易的形式引进国外先进技术，而对于难以引进或发达国家不愿转让的高新技术，则主要通过吸引外商投资的方式进行合作开发或以出带进。如20世纪90年代，韩国与美国等国家共达成了49项关于共同研发的科技协议，此外，韩国"现代"、"三星"等大型企业在美国硅谷投资设立分公司，其主要目的是聘请美国的工程师参与产品的设计研发过程，以此获取先进技术。

(2)在引进技术时，韩国政府同样也结合了国民经济发展现状，有针对、选择性的引入。早期由于产业基础薄弱、技术能力受限引入技术主要为机械、电子、石油化工等，目的是促进产业结构的升级。到了20世纪80年代后，为了促进高科技产业的快速发展，引进的技术也日趋先进，主要集中在汽车、消费类电子、半导体器件等技术密集型产业。

(3)在技术引进工作中，政府与大型企业集团齐头并进，注重本土企业的发展。政府主要负责相关法律政策的制定、组织机构的建立以及引进技术的推广。大型企业则在政府的引导下，积极进行对引入技术的研究开发，掌握核心要领，起到带头引领作用。此外，虽然在初始阶段采取外商直接投资的方式能较快地取得技术进步，但长此以往势必会形成依赖性，挤压本国企业的成长空间，因此韩国对外商直接投资一直采取严厉的限制政策，更加注重本土企业的发展。

(4)重视引进技术的掌握和创新，大力推行产学研合作研究。韩国政府制定了《产业技术研究组合培养法》等法规，并出台了一系列优惠政策，以促进企业、大学和国家科研机构之间展开技术合作，其产学研的主要形式有：合同协议开发、知识产权的保护和使用、大型科研设备共享、技术指导和培训以及关键技术信息服务等，主要目的是形成足够的人力资本，充分掌握引进技术，实现科研成果的产业化。

（5）通过分析日本、韩国的工业技术发展创新模式可以看出，从引进、吸收到改进、创新，从复制性模仿到创造性模仿再到完全的自主创新，无论何时都是后发国家提高技术水平、加快产业发展的必经之路。因此对于应急产业技术相对落后的中国而言，要提高应急产业的发展水平，应该首先选择模仿创新的方式，通过引进国外的先进科学技术，依靠现有创新资源与平台，对原来的技术进行创新性模仿改进或重新设计，本着适用、改进、再利用的态度，及时消化吸收引进技术，完成本土化改造，在具备相当的知识技能水平与研发条件后，再进行完全的自主创新。

（6）引进关键应急设备设施的生产技术，比如煤矿井下监测预报系统、应急救援专用航空器、区域应急通信系统、救援破拆顶撑设备等。但在引入时，并非盲目地追求数量，而是要根据各省各地区的经济发展水平和社会安全需求，有所侧重地引入。比如湖北省，境内河流湖泊众多且地质条件十分复杂，城市内涝严重、各种地质灾害频发，再加之人口数量急剧增多，导致交通拥堵形势严峻，在引入时应侧重于防涝设备、地下智能空间管理系统、应急指挥设备、大型沉船快速抢险打捞装备等。具体而言，可通过从国外招募应急管理方面的专家顾问或派遣人员到美国、日本等应急管理工作较为成熟的国家参观、学习，接受相关知识培训；此外还可通过购买外国技术许可和专利或有所限制地引进外商投资等方式引入关键生产技术。

（7）政府发挥统筹规划的作用，包括应急产业技术战略规划的制定与实施，应急专业人才的培养，引进技术的传播与推广，促进产学研之间的合作研究。加强产学研之间的联系，有利于提高企业科技研发的效率，也有利于高校及科研机构理论成果的应用与推广。可充分发挥各省现有科研力量，有效整合省内资源，建立应急产业技术创新联盟，集中力量研发一批国内急需的高科技应急产品，提高我国应急产业的核心竞争力。

(8)注重本土企业自主研发能力与自主品牌的培养。注重自身技术能力的积累，适当引入竞争机制，大力开发市场，促进各企业对引进技术的吸收掌握和改进创新，与本地区人力资源水平相结合，在综合改造的基础上形成区域化的新技术。此外，政府应制定一定的优惠政策，鼓励各省中小微企业进行技术研发，同时加强大型企业和应急产业园区建设，扶持应急产业"国家队"，壮大龙头企业的发展，起到带领和支撑作用。

(9)需要明确的是，模仿创新仅仅是技术后发地区为了节省创新成本，按照各地区的实际情况不得不选择的创新模式，它不能作为发展的终极目标。如果始终把"模仿"作为技术战略的第一选择，在技术上就永远没有自主权和优先权。因为模仿创新者都是先进技术的追随者，这就决定了在技术发展过程中，它们永远处于被动适应状态，难以实现技术发展的长远规划，无法巩固和发展独立自主的营销渠道，只能随着市场的变化而改变，必定会影响自身的长足发展。因此，在采用模仿创新模式的同时，一定要重视对本国本地区人才的开发与培养，深化义务教育制度和职工培训机制的改革，培养出知识面广、综合能力强，既通晓技术又懂得经营，同时还具有创新开拓精神的人才。

4.1.3 应急产业链从独立创新到协同创新

应急产业兼具"绿色"和"新兴"的双重特征，具有典型技术与知识密集型产业的特点，是高新科学技术转化的载体，符合国家对战略性新兴产业的认定，其技术创新具有以下特点：

(1)高投入性。应急产业是以满足国家及公民的安全需求为导向的应急产品和服务的集合，关乎重大的社会利益及公共利益，这就决定了其研发投入量大的特性。特别是某些产业的建设周期长，并且技术投资各要素间不可分割，必须在短时间内一次性支付才能发挥作用，必然会产生巨额的沉没成本。

（2）高风险性。在应急产业技术创新初期，可能存在信息不完整、决策分析能力不足等问题；在研发阶段，存在科研成本高、人力资本不足、研究成果管理不善等风险；即使在最终的创新实现阶段，也可能存在市场判断不准、营销渠道受阻、品牌效应不佳、优化改进能力不高等风险。

（3）公共性。应急产业的公共安全需求导向，凸显了其科研活动的公共性，可能导致应急产业的创新活动面临内部研发激励不够充分以及一些外部性问题。因此需要在政府专项计划的引导下，以应急技术研发联合招标的形式，吸引应急产业及其关联产业的人才参与到创新活动中，提供技术支持。

（4）周期性。应急产业的技术生命周期一般包括四个阶段：萌芽阶段、初创阶段、成长阶段和成熟阶段。作为代表未来科技市场发展方向的新兴产业，应急产业在各时期的任务与要求，由其在相应阶段的技术创新特征所决定。

（5）紧迫性。"不用不急，用则急需"是应急产业的特性，其需要主要伴随着突发事件的发生，在短时间内会产生大量需求。而从近几年来发生的各类型突发事件而言，在我国应急产业仍然属于灾害推动型产业，各省应急物资较为匮乏。各类非常规事件的发生和演变受到社会、政治、经济、文化、自然环境以及各种错综复杂的内在联系的影响，若想有效应对突发事件的发生，需要对在非常态下各类突发事件的内在发生规律和机理、时空演化规律及其演化路径、趋势等进行技术层面的抢先研究。尤其是各类监测预警技术、应急响应技术及救援方案等，都是有效预防和缓解非常规突发事件的重要保障与迫切需求。

在如今的知识经济时代，技术创新成为高科技产业生存发展的原动力。因此，如何通过技术创新促进应急产业的发展，在满足公共安全需求的同时还能实现区域经济发展具有重要的研究意义。在规划技术创新路径时，应结合应急产业技术创新的特点及我国应急产业目前的发展状况来考虑。

我国应急产业处于起步阶段，产业上中下游衔接脱节，尚未形成完整产业链，大中小企业间缺乏合作，产学研衔接不顺畅，一直无法突破某些关键应急装备的核心技术，严重制约了我国应急产业创新体系的形成，阻碍了应急产业的进一步发展。虽然我国应急产业相关企业数量众多，但企业规模普遍偏小且相互之间缺乏交流合作，导致科技资源分散，造成科技研发的盲目性与重复性。并且由于应急产业覆盖面广，涉及医疗、通信、物流、装备、保险等诸多领域，除个别领域的发展已初具规模外，整体上仍处于散、弱、小的状态，与我国面临的公共安全形势和公众日益增长的安全需求不相适应。因此，目前这种传统封闭型独立创新模式并不适用于我国应急产业的发展。

独立创新是在没有其他任何组织机构引导的状态下，企业在获得技术和市场创新机会后，独立研发并组织生产的一种创新模式，优点是其成果往往具有首创性，能使企业得到高额利润。然而这种创新模式也存在着很大的风险性。因为要依靠自身力量进行技术创新并组织生产，这就意味着创新者不仅要具有强大的科研实力、敏锐的市场探察力，还要有一定的风险承担能力。独立创新过程是十分严谨保密的，每个创新者对其他人正在从事的创新内容与方向都无从所知，导致信息的不对称，可能会出现这样的情况：在自己投入巨额经费的研究项目即将取得成功时，发现同样的产品或发明已被别人抢先研制出来，不但失去了占领市场的先机，还造成了人力和财力的巨大损失。而对于目前我国的应急产业发展而言，公共安全形势十分严峻，应急专业人才匮乏、关键技术装备紧缺等问题亟待解决，并不具备承担高风险的能力。此外，依照我国现有人力资源水平，一方面大部分企业及大学、科研机构等没有足够资本和技术设备进行自主研发；另一方面，尽管部分研究机构有一定的研发成果，但由于产学研脱节，政府、企业和科研机构间缺乏有效的沟通协调，应急科技成果往往被束之高阁，无法及时转化为现实产品。

综上所述，要实现我国应急产业的技术创新就必须加强各创新主体间的互动、融合，通过建立协同创新的发展模式，提高应急产业的科技含量与技术水平。

（1）有利于整合技术资源，促进知识共享。技术创新日益依赖于多领域知识的融合，尤其应急产业涉及国民经济的各行各业，涵盖了消防业、信息安全产业、医疗救援产业、应急物流等，知识和技术广泛分布在不同创新主体之间，具有极强的关联性和渗透性，唯有将各创新主体联合起来才能促进它们对外部知识、技术的吸收，进而提升自身的研发实力，提高资源利用效率。

（2）有利于形成区域产业链，实现系统性跃升，促进自主创新，提升产业的国际竞争力。单个企业创新实力的增强并不意味着整个行业和国家创新实力的增强，协同创新通过调动各方资源，将与应急产业关联的上中下游企业、大学及科研机构的研发活动整合起来形成创新合力，提高科技转化为生产力的水平，全面提高应急产业的创新竞争力，推动地方经济的发展。

基于协同创新的原理构建如图4-3所示的应急产业链协同创新体系。从内容方面来说，应急产业链协同创新体系是一个涵盖了多种行为主体的交互作用过程，涉及企业、政府、科研院所、高等院校、中介及金融机构等众多因素，通过横、纵向的联合进行人力、财力和知识技术等各种创新资源的流通与交换。从系统结构方面来说，该体系分为创新主体和外部创新环境两个部分。企业作为以获取利润为最终目的的基本经济组织，是科技创新的直接需求者，也是参与活动的主体。而其他如政府、科研院所、中介和金融机构则构成了外部创新环境，政府作为负责对科研活动进行宏观控制的管理者，在为各主体提供科研补助的同时，通过政策法律等方式参与介入应急产业创新体系中，制定产业发展规划，并提出创新需求；高校及科研机构是主要的知识技术供给者，通过同企业进行合作交流，不仅能争取科研活动的经费，还能实现科技成果产业化；中介机构包括信息咨询公司、行业协会、市场服务机构以及技术服务中心等，为产学研联盟搭建交流平台，支撑并推动应急产业的科技发展，是技术创新活动的纽带；金融机构则像活力素一样，为科研活动提供经济上的支持，推动应急科学技术的攻关研制与推广使用，增加产业的创新活力。

通过构建应急产业链协同创新体系，并结合我国国情，对应急产业的技术创新提出以下建议：

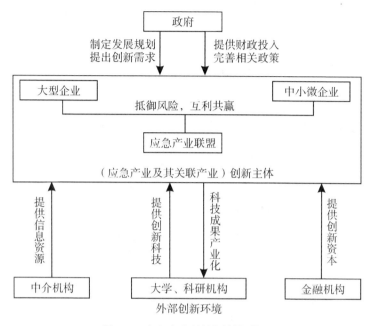

图 4-3 应急产业链协同创新体系

（1）发挥企业作为核心创新主体的作用，鼓励企业通过广泛参与合作研发联盟提升创新实力。企业是应急产业科技创新的主体，是将创新结果转化为现实生产力的重要纽带。推动应急产业的技术进步，必须以市场机制为导向，增强企业的竞争与创新意识，鼓励企业根据行业环境与市场需求的变化进行内部开发或组建创新联盟。引导不同企业在不同的层面上发挥作用，使其形成协同创新的合力，鼓励拥有研发优势的大型企业在科研过程中发挥龙头骨干的作用，带领探索市场发展与技术变迁的新方向；引导中小微企业广泛参与研发活动，并发挥其灵活性、多样性的优势，与大型企业之间形成生产要素的高效整合与最优配置。

（2）加大政府引导力度，规划应急产业发展方向，并具体细化相关政策，加大监管力度。高效整合调配社会资源；通过财政补贴、税收减免等优惠政策，支持各创新主体的技术研发活动；加强对市场的监管力度，出台对知识产权和专利权的保障制度，注意技术研发过程中信息分布不对称、信息披露不完全等问题，维护技术交易秩序；对各方投入的人力、物力、财力等生产要素进行风险评估并实施跟踪监管，对可能产生的机会成本、沉没成本做好相应准备。

(3)构建企业和高校以及科研机构的产学研多方合作平台，优化人力资源配置体系。企业是技术创新的需求方，但我国应急企业创新能力却十分有限，而高校、科研机构作为创新科技的主要供应方却缺乏市场化能力，无法将科技成果投入生产。因此，可以借助我国高校及科研院所众多，技术实力雄厚的优势，通过设立专门的产学研研究项目，建立研究中心和实验基地；制定高校和企业联合培养应急产业专业人才计划，如委托学校为企业提供教育服务，同时企业设立奖学金，激励职工积极参与培训，提高自身专业知识水平。

(4)发挥中介机构的纽带作用。应急产业的技术创新活动具有高度专业化、复杂化等特性，涉及诸多领域，存在各种不确定性与信息不对称问题。中介机构应打造自身专业优势，在特定领域中发挥重要信息的整合、扩散、咨询等作用，有效较低创新的交易费用，促进各创新主体的交流、融合。

引导金融资源向应急产业研发领域配置，建立多元化资金供给体系。应急产业属于高技术产业，其技术创新活动需要大量资金，光靠政府和企业内部资金是难以满足的，所以需要吸引金融机构及其他社会资本进入应急产业市场，扩大融资服务范围以支持产业的发展。各级政府部门通过创建协同创新的专项基金，为科研活动提供经济支持；培养或者扶持具备相应条件的企业成立风险投资的组织机构，拓宽融资渠道；通过与外企合作，吸引外商投资，设立国际化基金；此外还能按照"谁投资，谁受益"的原则并设立风险保障，鼓励民资和各种社会力量参与到创新项目的开发建设。

4.2　应急产业链技术创新的重要方法

4.2.1　"产学研"战略联盟的构建与发展

我国在实施自主创新战略、推进国家创新体系建设过程中，明确提出要把"建立以企业为主体、以市场为导向、产学研相结合的技术创新体系"作为突破口。其根本目的在于增强自主创新能力，关键在于确立企业技术创新的主体地位，而实现的路径又在于以市场为导向、采取产学研相结合的方式。这既是基于"企业创新能力普遍不足"国情的考虑，也是借鉴国际成功经验的必然选择。

"产学研"战略联盟在政府支持下利用企业、高校和研究机构三个主体的协同关系，形成良好的协同创新氛围。产业链内的技术创新可以通过"产学研"各方的合作和优势互补，通过科研机构的科学研究、企业的研究开发与市场开发、高校的人才支持以及政府机构的政策资金支持，形成一条完整的技术创新链条。

"产学研"即生产—学习—研究，是科研、教育、生产三种不同社会分工在功能和资源优化上的协同及集成化，即企业、学校、科研机构等相互配合，发挥各自优势，形成强大的研究、开发、生产一体化的先进系统并在运行过程中体现出综合优势；是技术创新的上中下的对接和耦合，可以由应急企业独自完成自主研发生产一条线，也可由应急企业与科研院所、高等院校之间进行合作，企业为技术需求方，与科研院所、高等院校为技术供给方之间进行合作，其目的是为促进技术更好更快地发展。

　　无论是企业自主完成"产学研"，还是由企业、高校和科研院所协同完成，都离不开企业的参与。企业需根据自身情况选取适合企业发展的产学研协同技术创新体系，具体来说，这与企业的自身实力、期望达到的目标和技术发展要求等因素相关联。从大型应急企业或者对创新要求较高的创业创新性企业来看，企业需要增强核心竞争力，拥有自己创新性产品及技术工艺。因此，这类企业可建立自己的技术开发中心，提高技术开发的能力和层次，自主完成"产学研"一体化技术创新。对于中小型企业或者对创新性要求较低的企业来说，自主研发及建立科研所有着一定的难度，抑或是经费紧张，那么就可以选择与研究所、高校进行合作，共同合作进行技术的创新，深化企业内部改革，建立承接技术开发成果并有效利用的机制。

　　"产学研"战略联盟在应急产业链的发展和技术创新中起着至关重要的作用，主要体现在：

　　第一，促进产业链内信息交流。在应急产业的技术创新中，信息对其成功起着至关重要的作用。基于合作联盟关系，高校、企业和科研院所之间易于形成一种融洽的合作关系，为了促使彼此之间合作的顺利进行，交流沟通将大大增多。高校及科研院所的科研人员通过技术或学术研讨会等其他活动中开展非正式的个人交流，获得科学前沿信息；企业在对市场调查等活动中获得市场信息，两者沟通，促进了信息的传递。这促使高校及科研院所对应急产业的市场发展趋势及技术的发展方向有了更清晰的思路，企业也可根据现有科技水平调整公司技术。因此也就更容易进行符合市场和企业需求的技术创新，更加有利于技术创新活动的成功。

　　第二，提升产业链内的技术水平。现阶段，我国应急产业链还处于初步建设发展阶段，尚未形成完整的产业链，技术水平普遍偏低。再加上产业之间沟通交流甚少，技术交流不够，且产业链之间的协作多囿于材料供应上。加之企业自主研发、开发成本过高，许多企业选择使用国外现有技术，缺乏创新性。为了加快应急产业链的建设发展，需构建产学研战略联盟，通过产业内的产学研合作，提高自主创新水平，进而提升产业链内的技术水平，增加企业的竞争实力。

第三，降低开发成本。企业自主研发进行技术创新需要大量的人力、物力，一般企业无力承担因此带来的费用。"产学研"战略联盟体系则将研究开发的任务交给了高校及科研院所，采用战略合作的方式，将高校及科研院所的研发成果投入到企业的实际生产中去。这样，既将科研成果转化成了实用的生产生活用品，造福人类，又大大地降低了企业的开发成本，促进了产业技术的创新，提高了整个应急产业链的技术水平。

根据其他产业的"产学研"战略联盟，结合应急产业自身的发展特点与国外实际经验，构建富有地域特色、针对性的"产学研"战略联盟。考虑以往"产学研"结合方式存在的问题，应急产业链需要一个遵循市场经济规律、富有顽强的生命力，创新成果更加产业化，更能够适应现阶段产业创新需求的"产学研"战略联盟。为此，该联盟应当具备以下几点要求：

第一，应当具有共同的明确的发展目标。整个联盟应该具有符合国家战略目标的、符合行业发展潮流的明确的技术开发方向和技术产出目标。并且联盟组织成员应当联手突破和发展核心技术，实现创新资源的有效分工、合理衔接。三方共同携手，开发适应市场发展的创新技术，加速创新成果的大规模商业化运用。结合企业、应急产业发展现状和科学技术水平，开发适应性的创新性技术，推动产业链技术创新。

第二，战略联盟需长期稳定。"产学研"战略联盟应当以企业生存发展的内在需求为基础，充分运用市场机制，以影响产业或企业长远发展的共性技术创新需求为纽带，通过技术创新，推动应急产业的发展。这个战略联盟需要长期稳定，应三方协议签订协约，对联盟的三个主体进行法律的制约，维持其稳定运行、长期发展。

第三，有良好的分工协作机制。三方进行合作时，除了拥有共同的目标，长期合作外，还应具有完善的分工协作机制，以避免联盟之间因任务不清，导致结构混乱，影响技术创新的进程。在形成联盟之前，根据各自的发展情况及性质，确立每个主体的任务及工作目标，如企业进行市场调查及将创新成果市场化，高校负责培养创新型技术人才，科研机构负责技术的开发等。同时确立三者之间的信息沟通，实现人才技术的流动，为联盟的长远发展打下坚实的基础。

应急产业链的"产学研"战略联盟应当基于市场目前对应急的需求，企业、高校和科研机构在同一个明确的目标下，分工协作，共同努力，充分发挥各自的优势，结合彼此的资源，建立一种优势互补、风险共担、利益共享、共同发展的正式合作关系。除了推进技术创新外，联盟还应培养具有创新性、全面发展的新型人才，并且注重自主创新能力的培养，创造出自主研发、创造的有核心竞争力的应急产品。

在应急产业链中，企业、高校和科研机构在合作过程中，各环节的制度及方式方法就是"产学研"战略联盟合作制度，如图4-4所示。

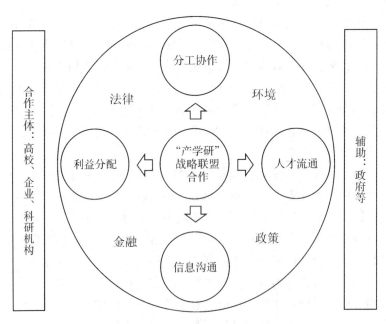

图4-4 "产学研"战略联盟合作制度

144

（1）分工协作。

社会分工是商品经济、市场经济发展的基础。应急产业链的"产学研"战略联盟的分工机制是指对联盟的三大主体进行科学的、合理的分工细则。企业能够大量生产商品，对市场具有敏锐的观察力，能够很快捕捉市场需求变化信息，感知市场需求与变化。高校是培育人才的地方，同时也具有研发的功能，可以获得大量的前沿技术，拥有图书馆、实验室等。科研机构拥有自主研发的功能，拥有大量的专业人才和高精尖实验设备。综合考虑三者的优缺点和各自所长，科学地分配工作。企业应主要负责市场调研、产品的生产与销售等与市场有关的事物；高校应主要负责人才的培养，向联盟输送全面发展的高科技人才，同时还应与科研机构一同进行创新技术的研发、技术改进等研发方面的事物。企业在集中主要精力致力于市场业务的同时，也要在技术研发中积极学习，以提高企业自身的研发能力。

（2）信息交流。

良好的沟通交流可以使联盟内部的信息流通速度增快，促进成员内部的沟通，增强组织的凝聚力，创造一种良好的和谐的积极向上的文化氛围，同时也促进了产学研战备联盟在市场信息、技术信息方面的共享从而能更好地合作。

因此，三方应当首先建立一个正式的信息交流平台，通过它定时进行信息的交流与分享。同时三方成员也可私下建立群组，通过新媒体交流的方式进行日常的交流与沟通，促进三方成员内部的和谐，方便合作的进行。沟通还要信息化，通过联盟内部网络办公，能加强联盟内部员工之间、部门与部门之间的沟通效果，提高工作效率。然后，"产学研"战略联盟应当规范信息发布机制，定期及时地发布联盟内相关的信息，各方不得隐瞒，以此提高三方的信任度。最后，仅仅依靠网络和其他非见面式沟通是不够的，联盟内部应当定期组织见面会议，面对面地进行交谈，分享各自领域所获得的新知识与市场情况，促进技术创新的进步。

（3）利益分配。

合理、公平、公正的利益分配是保障合作顺利进行的一大关键因素。在"产学研"战略联盟内，利益分配也至关重要。首先，必须明确分配的依据。依照何种指标来进行利益的分配，这个依据必须满足三方的需求，且都认为合理可行。紧接着，选择科学的方法计量各方的贡献，这个方法必须要合理准确。最后，确定每方的利益所得。

在利益分配中，企业可以先拨一定的资金给高校、科研机构作为研究开发的启动资金，然后再按照提成支付的方式支付给高校及科研院所的技术转让费，在产品全面走向市场的时候再按照合同比例给高校及科研院所提成费。也可是企业按照事先的协议支付给高校和科研机构固定的报酬，剩余开发生产部分由企业负责。即企业负责后期部分的全部风险与利益。在战略联盟建立之初，采用协商等方法对各方利益的分配作出规定，正式运营后，根据具体情况进一步的调整，保障利益分配的公平公正性。

（4）人才交流。

在任何活动中，人都是重要参与部分之一，是生产力中最活跃、最关键的要素。科研院所、高校与企业缺乏交流与互动的直接后果是教学与企业的脱节、成果与社会需求的脱节、科研与市场的脱节，这些都直接或间接地影响着"产学研"战略联盟的效用，限制产学研战略联盟的发展。

因此，联盟内应当注重人才之间的交流，鼓励企业内的高层管理人员积极参与到高校、科研院所的科研中去，对其有所了解，而不是拘泥于企业的管理和生产中。同理，科研院所的技术骨干也应当与企业高层人员进行沟通，进入企业内部对生产进行了解，了解目前市场的需求。高校也应当组织人才进入科研机构和企业进行参观学习，不只停留在书本，而是投入到实际生产运用中去，学以致用，融会贯通。高校和科研院所可出台相关激励政策，鼓励教师到企业去兼职研发，企业可鼓励企业家、工程师到高校兼职教学，加强双方的人才流动。

4.2.2 基于互联网+应急产业的技术创新模式

"互联网+"的直接理解就是互联网+各个行业，是依托互联网信息技术实现互联网与传统产业的联合，让互联网与传统行业进行深度融合，创造新的发展生态，是一种新的经济形态。"互联网+应急产业"是互联网行业和应急产业的融合、交流和升值，这里的"+"并不是简单的相加，将互联网服务或者应用于应急产业，充分发挥互联网的优势，优化应急产业产业结构，降低生产成本，提高生产效率，最终实现社会财富增加，人民安全得以保障的目的。"互联网+应急产业"模式的特征包括信息化、网络化、个性化、智能化、动态化、生态化，以及扁平化。

信息化是将信息技术融合到应急科技产品的研发、生产、销售过程中，信息从获取—传递—处理—再生的一系列过程环环相扣，每一环产生的信息都可以应用于其他环节，信息的价值被成倍放大。在"互联网+"的背景下，原有的信息壁垒没得打破，每个人都拥有平等的获得信息的机会。

网络化是指依靠互联网平台构造一张无形的"网"，将所有的要素联系起来实现计算资源、存储资源、数据资源、信息资源、知识资源、专家资源的全面共享。应急科技企业利用这张"网"，进行资源的有效配置，获得收益，用户通过这张"网"表达个性化需求，获得产品。

个性化是指在互联网为企业和消费者提供直接的沟通渠道，消费者能够影响或者说主动参与产品的研发生产活动，形成 C2B (Customer to Business) 模式。应急产业中的个性化可以表现为不同企业或者个人对于不同的应急产品的功能、数量、设计的要求不同，互联网平台为企业和消费者的提供直接的沟通渠道，降低了交流的成本，既满足了消费者个性化的需求，又降低企业产品过剩的风险。

智能化是将物理设备和操作人员连入互联网平台，通过现代传感技术、网络技术等先进手段，用软件和程序控制机器，使机器具有远程操作、精确控制和自我管理等功能。应急科技企业生产过程的智能化，能够有效减少人为操作失误，提高生产效率。

动态化是指通过互联网技术实现对应急科技企业变化信息的掌控，而不是只停留在人工的静态的记录。通过互联网平台可以及时了解到应急科技研发中心的技术攻关进展，了解应急企业生产车间的机器运作或是应急产品的市场销量，这些实时的、动态化的信息为应急科技企业管理者的决策提供重要的参考依据。

生态化体现"互联网+"背景下应急科技产品在研发、生产和销售的每一个过程当中。互联网技术的信息技术的应用为应急产科的科技创新提供更大的空间，应急科技创新体系得以高效运行，资源利用率提高，污染减少排放降低，实现低碳经济的目标。

扁平化是指得益于互联网平台的整合和协作，使得应急科技企业管理体系形成扁平、灵活、柔性的网络化组织，赋予了应急科技企业极强的技术创新灵活应变能力，为技术创新和知识溢出提供了高速的网络通道。传统工业中有生产者提供足量的商品，通过中间供应商向消费者销售产品。在"互联网+"的背景下，消费者可以通过互联网平台直接购买生产商的产品，增加了购买的途径，减少了中间环节，应急科技产业的产品销售模式更加富有弹性。

"互联网+应急产业"的技术创新模式主要有以下几种：

（1）"互联网+"背景下应急科技的研发模式创新。

第一，企业协同创新。在传统工业模式下，技术的研发往往是孤立的。不管是大企业的研发部门，还是专业的研究机构，都存在着一定的封闭性和局限性。此时的研发成果多取决于该部门的对信息的掌握程度和对市场的把控程度。这样的模式下，应急技术和产品的创新难度较大，成果转化周期过长。互联网时代来临之后，企业与企业间的信息壁垒被打破，应急企业的科技信息交流平台开始建立，企业间寻求相互合作，互利共通的协作模式，实现资源共享，优势互补，在很大程度上缩短了应急科技成果的转化周期，提高了应急科技产品的创新水平，推动应急科技产业向前发展。

第二，用户参与创新。互联网时代最明显的特征就是以用户为中心。用户参与应急产业科技产品创新的方式有两种：直接参与和间接参与。直接参与是指通过互联网构建企业与用户之间的沟通平台，用户直接对企业提出现状建议或者创新想法，由企业整合消费者的需求信息，根据用户的需要，对已有的产品进行调整创新，或者根据大量消费者反馈信息，提出颠覆性创新技术或产品。用户间接是指在大数据时代，应急科技企业可以拥有多种获取用户需求的渠道，比如通过分析用户的访问情况了解到用户的兴趣或者对某种产品的需求，这是用户间接参与应急科技企业技术创新的途径之一。总的来说，用户参与创新充分体现的是互联网时代下以人为本的思想。

（2）"互联网+"背景下应急科技产品的生产模式创新。

在"互联网+"的背景下，应急科技企业的生产模式也发生了变化，由"全能型"向"专业型"发生转变。应急科技企业可以通过互联网平台从材料、资本、人才市场中获得要素进行加工，企业还可以购入自己所需要的技术或者服务，然后将设计和生产委托给其他专门的企业。如此一来，应急科技企业的分工会越来越明确，从理论上说，只要一个企业都拥有一项自主创新的科技产品或者理念，就可以在应急市场上生存下来。专业化的分工也促进了科技创新的发展，因为不断地创新，才能满足日益变化的市场需求。"互联网+"背景下应急科技产品的生产模式创新要素如图4-5所示。

（3）"互联网+"背景下应急科技产品的销售模式创新。

应急科技企业的产品应随着互联网时代的发展发生改变和创新。首先是销售理念的转变，从传统的销售"产品"到如今销售"产品+服务"的转化，以增强客户体验，满足用户个性化需求为总目标创新营销方式。其次，销售手段也发生了改变，互联网技术和移动终端的发展催生出了电子商城、网络营销等多种形式，单一的线下推广起到的作用越来越有限。因此，"互联网+"背景下应急科技产品的销售思路应该集中在线上线下的虚实结合，既能满足用户对应急产品的实际体验，又能有效利用电子商务平台的优势。

推动"互联网+应急产业"发展的主要对策如下：

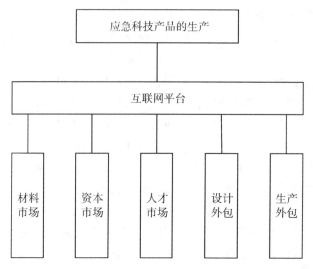

图 4-5　"互联网+"背景下应急科技产品的生产模式创新要素

（1）制定"互联网+应急产业"产业规划。

"互联网+应急产业"是一个新兴的组合，是一次行业间探索性的改变。应急产业结构的变化涉及领域众多、企业众多。因此政府应结合应急产业的发展现状以及"互联网+应急产业"发展目标进行综合考量制定出完整的、合理的行业建设规划，保证应急产业的提升和改变都是在计划中进行的。政府的产业规划应该包括"互联网+"背景下应急产业发展的重点方向、预期目标、扶持力度、项目内容，充分发挥政府的导向作用，集中各方力量共同促进应急产业的发展。

（2）提高应急科技产品的科技含量。

应急产业要发展终归到底是行业总体科技水平的提高。政府应该大力推进应急科技企业的科技创新，对拥有自主知识产权的企业给予重点扶持，激励企业进行自主创新。充分利用互联网技术，提高应急科技企业研发生产过程的信息化、智能化水平，发挥应急产业科技信息平台的作用，推动企业间协同创新，用户配合创新的机制，提高应急科技企业的科技水平，推动应急产业向前发展。

（3）大力发展电子商务平台。

电子商务与应急产业的结合可以实现降低流通成本、提高效率从而创造收益。同时，电子商务平台也是应急企业直接面向用户，了解用户需求的重要途径。政府大力发展电子商务平台，重点在于创建广阔的物流平台，提高应急产业供应链的管理水平，制定并且完善电子商务平台的规章制度，扩大电子商务在应急产业的覆盖范围，使得电子商务平台成为应急产业发展的可靠支撑。

（4）促进"互联网+应急产业"与服务业的有机结合。

服务行业的发展是现代社会化、专业化分工的必然趋势，在"互联网+"的背景下，构建互联网应急产业应急服务平台，推进现代物流、外包服务、租赁服务、咨询服务的发展，从而拉动应急产业的转型与升级。

4.2.3　军工技术引进及"军民融合"模式

由于像舟桥、防暴产品等很多军用装备本身就用于应急工作中，所以在很大程度上应急行动可看作准军事行为，国防科技工业和应急产业间有着密切关系，因此从技术层面来看，军用与民用应急装备是互通的，军工技术对于应急产业发展而言具有自身独特的优势。"军民融合"发展模式是大势所趋，它是在国家层面落实"寓军于民"方针，因为军工集团长时间来积累了极为丰富的产业资源，而民营企业机制灵活、敢于创新，若双方能实现深度融合可以达到互利供应的目的，其动力机制如图4-6所示。而我国有良好的国防科技工业基础，拥有众多科研、生产实力雄厚的军工企事业单位。

以"军民融合"为原则，结合我国基本国情，努力寻求一条具有"中国特色"的应急产业发展之路是有必要和可能的。要加快我国"军民融合"模式的发展速度，必须从体制机制上改进，充分调动各方人力资源，将企业、高校、国家研究机构和国有军工企业联结起来，加大产学研战略联盟，由政府、军队实行宏观调控，建立

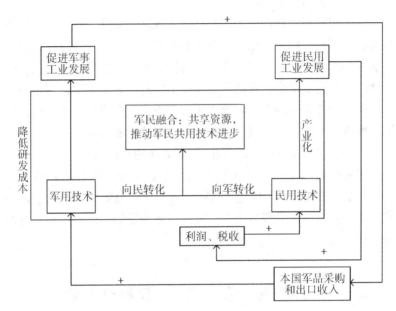

图 4-6 军民融合模式动力机制

各部门层次的应急产业需求信息发布制度，为军、民领域的专家和管理人员搭建交流平台，共同建设军民两用的技术中心与研发实验室，推动军工企业、民营企业各部门之间的资源共享；充分发挥中介机构的作用，为各创新主体提供咨询服务，发挥桥梁和纽带作用，推进军地科教合作，加强应急产业专业人才队伍培养。为此建立如图 4-7 所示的军民融合式应急产业链技术创新组织系统。

4.2.4 科技成果的资本化及产权保护

科技成果资本化，即将科技成果转化为资本，进而通过技术创新成果市场化运行以实现价值增值的过程。具体来说，就是科技成果的拥有者，以科技成果作为资本投入到企业中去，作为技术出资方与投资方其他人员共同进行该项目的经营、共同享有利益、一同

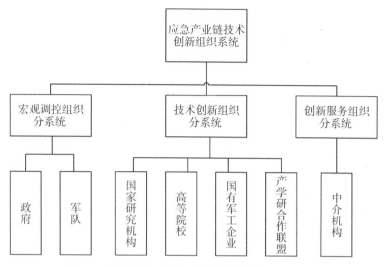

图 4-7　军民融合式应急产业链技术创新组织系统

承担风险，进而实现科技成果产业化、市场化的过程。它既是一种将知识产权转化为生产力的过程，也是一种投资行为。

科技成果资本化有利于提高研发效率。科技成果资本化能够使技术持有者获得较好的收益，也能使企业获得所需技术，加速产品升级。如果能成功实现科技成果的资本化，技术持有者和企业都能够从中获得许多利润，在此驱动下，技术人员将有更多的动力去研发、创新，进行发明创造。企业也会重视技术创新，给予更多的创造资金，投入更多。这样一来，有利于推动研发的进行，促进整个产业链内部技术创新的进步。科技成果的资本化也使科技成果有了实际的价值，而不是局限于实验室和理论，真正做到了科技成果造福人类。满足了高科技企业在发展过程中所需大量资金的需要，是企业迅速进入高速发展阶段，在一定程度上加快了科技成果商业化的进程。

（1）科技成果资本化的条件。

科技成果想要进行资本化，转化为生产力，需要具备一定的条件：首先，科技成果具有现实的意义，可以提升技术、生产新产品或是其他具有实用性、可行性的价值。只有拥有了现实的价值才可以进行资本化，才能够具备生产力，在市场上取得一定的收益。其次，科技成果能够明确其产生经济利益的方式，即科技成果在资本化的过程中能够明确地转化成经济实体，通过商品交换出售的方式取得收益。即，有明确的产品可以运用改科技成果。再者，科技成果具有市场前景，符合市场需求。市场对该科技成果带来的产品和技术需要，成果具有商品价值，在实现资本化后能够取得收益。最后，科技成果开发阶段的支出能够可靠计量，即科技成果在资本化过程中其资源损耗能够被精确计算，以考察其价格成本的合理性。

　　总而言之，科技成果想要进行资本化转化为资本，需要其本身具有现实的价值，可以为市场所用，具有市场前景，能够获得利润，这样资本化才具有现实的意义。

　　(2)科技成果资本化的方式。

　　第一，科技成果直接参股。科技成果持有人通过具有资质的第三方评估机构对所持有的科技成果进行资产评估，综合各方面因素得出其现实价值即价格。然后再与企业进行协商沟通，按照一定的比例投入资金，以技术入股，和企业共同进行科技成果资本化，一同承担其中的利益与风险。科技成果直接参股实际上是在技术交易中以科技成果、知识产权和无形资产获得企业股权的一种方式。这种方式可以让企业和科技成果持有人共同合作，充分发挥各自的优势，一起承担市场风险，共同享受利益。然而，这种方式也存在着种种缺陷。首先就是科技成果的价格无法准确地评估。因为科技成果属于一种无形资产，且尚不知道其发展前景如何，很难对此进行估价。其次，利益分配存在着不确定性。高校及科研机构的股权激励比例和分配受到资产管理部门的审核，分配比例过低不利于激励科研人员积极性，比例高又不符合国家规定。再者，技术入股所需的手续很多，复杂，不利于科技成果的资本化。

　　第二，科技成果转让。科技成果持有人先是在有资质的评估机构对其持有的科技成果进行估价，确立一个大致的价格数字。然后通过与企业的沟通协商，以双方均满意的价格将科技成果转让给企业。至此，科技成果持有人不再参与成果资本化的过程，由企业全权负责，承担风险及收益。这个方式大大缩短了项目启动的时间，使得许多程序得到了简单化，企业能够以自己的名义从事科技成果的资本化，持有人也能够直接取得收益。但是这种方式存在许多的不确定性，首先就是企业承担巨大的风险，因为无法确定该科技成果是否具有盈利的价值，虽说一旦成功可能取得大量的利润，但是风险与之同在。其次就是科技成果持有人将不再拥有这个成果，失去对其使用的权利，成果受益人将转变为企业。

第三，直接出资参股进行技术服务。科技成果持有者先是对企业进行技术指导，指导企业进行生产，并取得服务费用。当项目开始运转并取得收益时，对技术进行评估，出资成为一方股东并继续进行技术指导。这种方式对于成果持有者来说，可以保住自己的技术成果，自己仍旧是技术的持有者，同时后期投资还可以降低部分风险。但是，持有者在对企业进行技术指导时，企业已经掌握了学会了生产工艺和技术，可能不愿再让持有者进行投资，而是自己独资，这时技术持有者可能会遭受一定的风险。再者，出资后的利益分配又是一大难题。

科技成果资本化是一项综合性和技巧性较强的工作，科技成果本身的特点不同，合作对象不同，所采用的资本化模式也不尽相同。因此，在操作过程中，技术持有方既要选好合作伙伴，又要充分利用各种法规政策，注重转化模式的创新与选择，切实保护自身的技术权益。

在产业技术创新中，科技成果持有者应充分认识到成果资本化的重要性，积极将成果转变为资本，以促进技术创新，推动整个应急产业的发展。与此同时，政府也应当给予技术人员、专家等鼓励与支持，鼓励他们多进行实用性的技术创新，并将其投入到实际生产生活中去，造福人类，推动行业的发展。

在应急产业的技术创新中，做好对科技成果的产权保护，不仅是对成果持有者的一种保护，还能够促进产业的发展。应急产业中的相关科技成果属于知识产权，自改革开放以来，我国加大了对知识产权的保护力度，先后颁布了《商标法》、《专利法》、《技术合同法》等相关法律。同时，我国还参与了国际有关知识产权保护的国际公约等，如《世界版权公约》，初步形成了一个适合中国国情的较为完整的知识产权保护的法律体系。

知识产权是法律赋予创作者在一定的时间内享有成果独占的权利。即知识产权必须由法律授权才能够取得独占的权利，且其与市场紧密结合。具体表现在，创作者可以在法律规定的时间内，依靠科技成果谋取利益。对于应急产业链来说，企业的创新技术获得了法律的保护并授予其知识产权，企业能够在一定的时间内使用这个技术，并且其他的企业无法在未经该企业允许使用该技术，可以获得一定的技术费用还可保证企业在行业内的地位。简单来说，只有使科技成果取得知识产权的保护（如专利）才能使企业在生产经营中取得市场优势。使科技成果获得法律保护最可靠最有效的途径就是申请专利。据世界知识产权组织统计表明，世界上 90% ~ 95% 的发明能够在专利文献中查到，并且许多发明只能在专利文献中查到。且国外的法律并没有"科技成果权"这个概念，若成果持有者不申请专利，那么这项科技成果将无法得到国际上的认可。

综合考虑我国目前知识产权保护现状，结合中国特色，针对应急产业来讲，科技成果的产权保护应当做到以下几点：

第一，建立健全相关的法律法规。自改革开放以来，国家重视对知识产权的保护，加大了对相关的法律的建设，形成了具有中国特色的知识产权保护法律体系。这些法律在一定程度上保障了科技成果持有者的合法权利，但如《专利法》是一项包含众多领域的法律，从大纲上对所有领域的相关知识产权保护做了规定，未能详细地规定具体领域的具体做法。所以，应当建立具体的针对科技成果方面的专项法，还可细分到应急产业领域，专门对其作出详细的规范，从根本上保障科技成果持有者的权益。中央和地方相关政府机构也可根据应急产业的特点，以国务院颁布的法律法规为基准，结合实际情况，出台针对应急产业链内科技成果的相关保护政策，以此鼓励广大发明者专家进行发明创造。我国现行的知识产权立法规定，发明专利的保护期限为 20 年，实用新型、外观设计专利的保护期限为 10 年。这对于某些科技成果来说，时间过于短暂，相关部门可根据实际情况，修改这一规定，适当延长专利保护的时间。

另外，须从国外发达国家中吸取经验，向优秀的例子进行学习。如英国政府为了保护科技成果，制订了英国知识产权管理手册。从科技成果的研究、创造、实验到推广等一系列过程中所涉及的大多数问题进行了详细的规定。这个手册的制定既维护了国家、科研机构、科研人员的利益，又推动了科技的进步。另外，可向英国学习，根据国家颁布的法律法规，针对应急产业中科技成果的研究到推广的一系列过程中所涉及的各主体的权益和相互关系做详细规定，维护科技成果。

第二，有法必依、执法必严、违法必究。中央和地方相关政府机构应当加大对科技成果的监管力度，保护其合法权益不受侵害。在此过程中，执法机构应当严格遵守相应的法律法规，按照规定的合理的执法程序对其进行监管。根据相关统计数据可知近年来中国知识产权案件的数量大致呈上升的趋势，政府部门应当加强对知识产权的保护，加大执法力度和监管强度。在执法过程中，可以采用多种方式：情节较轻的可以采用说服教育的方法进行协调和解；情节较为严重的采用行政处罚的方式，即给予罚款、拘留等；情节更加严重的，触犯了法律的则可采用行政诉讼的方式，用法律解决问题。除了针对不同情况采用不同方式的执法行为之外，中央和地方相关政府机构也应当规范完善现有的机制，做到执法的统一性、合理性，使其具有指导性作用。随着科学水平和进步，管理也应当紧跟其步伐，使用高科技、现代化的管理手段对科技成果进行监管。如，在国内建立一个网上科技成果平台，记录国内登记在册的所有有关应急产业类的科技成果的详细情况，执法过程中可随时抽取其信息，对其进行保护。

第三，加快对保护组织机构的建立。政府机关每天需处理多项事务，设计的范围很广，为了减轻政府的压力，更好地对科技成果进行保护，应当在国内加速建立专门的保护组织机构。即，在政府的监督支持下，专门聘请在应急产业和科技成果方面颇有建树的专家，形成一个专门的保护应急产业内科技成果的组织。同时，建立健全组织内的人员机制、合理分配工作、制订详细的工作细则和规范，以完善其管理制度，确保该组织机构能够良好的运行下去。这样，就可以更好地对应急产业的科技成果进行产权的保护，推动应急产业的发展。

第四，加强科技成果持有者的法律意识。专利的认定采取"先到先得"的方式，即首先对该成果进行申请的人获得其知识产权。许多发明创造者对专利不了解，无法在取得科技成果后第一时间进行专利的申请，很有可能让其他人占了先机，夺取了该项产权。所以，政府部门应当加大对知识产权、科技成果的保护、专利等相关知识的宣传，让更多的人了解知识产权，懂得通过何种途径去保护自己的合法权益。2005 年，国内专利申请书达 28 万件，其中，企业专利申请书仅为 1.7 万件，仅占总数的 6%。由此可见企业普遍忽视知识产权，没有意识到它的重要性。针对此，可定期组织开展专题教育培训，让企业高管参与其中，让他们认识科技成果权，主动去保护企业内部的科技成果。

加强企业、个人的法律意识、产权意识，从根本上去推动科技成果的产权保护，从而使他们加强对科技成果的创造开发，推动应急产业的发展。

4.2.5 国家级科技计划及科研平台的建设

4.2.5.1 科技计划

(1)科技计划的概念和意义。

科技计划就是在一定的时期内，根据科技发展的总目标，并为达到这一目标制定对策、措施，开展一系列的计划、组织、协调、指导、激励和控制活动来实现科学技术研发活动的高效开展的科技管理行为。科技计划包括目标、范围、期限、实施方案和组织机构等要素，是政府合理配置科技资源，弥补市场不足的有效措施，是将有限的人力、物理财力集中起来，攻克行业技术难题，提高区域竞争力，促进国家和地区经济方法的重要手段。世界各国政府都纷纷制定和实施众多层次和不同类型的科技计划。如欧盟的"尤利卡"计划、美国的"纳米计划"和"阿波罗"计划，中国的"973 计划"和"863 计划"等。

（2）科技计划的内容。

整体计划：在对市场经济状况，产业自身特点、未来预期发展方向有明确的认识之后，政府部门就应急产业技术创新活动进行整体规划。包括计划的总体目标，基本原则，实施方案，评价指标等内容。整体计划是对整个计划项目实施的宏观部署，是确定技术发展方向，保证计划协调运行的前提。

范围计划：范围计划用于确定科技计划发展的地理空间，区分优势地区和劣势地区。在优势地区充分利用其雄厚的资金、技术、人才基础，发展高精尖的应急技术，突出区域特色，打造品牌项目，扩大优势地区对劣势地区的辐射作用。在劣势地区重点发展基础技术，加大资金投入力度，提高应急产业的整体科技实力。

时间计划：通过制定时间表的形式计划实施过程中的各项活动进行排序和时间估算来控制活动进度、检验计划完成度的具体安排。制定合理的时间方案是保证计划高效稳定运行的基础。

费用计划：指确保项目按规定预算完成所需的费用来源、费用规划、费用估算、费用控制的各项安排。应急科技项目经费主要用于政府对应急科技项目的投资，支持企业应急设备的购买，发放应急专家的酬劳等，对于每一笔支出都要有详细的规划并且在计划实行的过程中进行跟踪和记录。

质量计划：指确保项目达成既定质量要求所需实施的安排，主要包括质量规划、质量保证、质量控制等过程，质量保证计划中政府承担着监管的责任，在一定的时间区间内要对项目的完成情况进行检查，计划完成质量进行严格的把关。

人员计划：是组织和管理团队的各个过程，具体包括人力资源规划、项目团队组建、建设和管理的过程。每个团队内应该包含不同领域的专家、高级工程师、熟悉生产的技术人员，了解市场的人才等，以此确保计划制定的全面和权威。

风险计划：指对应急产业科技计划进行风险管理规划、风险识别、定性风险分析、定量风险分析、风险应对规划和风险监控，分析系统中可能存在的风险，评价其造成损失的可能性和严重程度，然后对可能导致计划延时完成的因素提出针对性的建议措施。

（3）科技计划的全寿命周期过程。

启动：在应急产业科技计划启动阶段，由政府部门现阶段产业发展现状和未来发展方向的预期，提出应急产业科技计划的方向和目标，项目主管单位从专家库中抽调相关专家组成研究小组，确保各个领域的专家的参与，提高了评审的客观性和权威性。

规划：应急产业科技计划的规划阶段主要包括确定清晰应急科技发展目标的目标，进行计划的可行性分析和专家论证，制定出完善风险评估评估制度，根据以往的数据和项目组成员的经验，运用科学的评估方法，对计划实施过程中可能发生的意外事件进行预测并且提出应对策略。明确划分政府、企业、科研等位等部门单位的职能，选择有效的融资模式，制定详细的行动计划和时间表等。

实施：应急产业科技计划的实施过程主要是将规划分配落实到各级单位和部门，由各单位依据自身的情况设计子计划并且贯彻落实。应急产业科技计划的实施效果主要依靠政府干预、市场调节、企业主导、科研单位参与四个方面的共同作用。要明确企业在应急产业发展中的主导地位，发挥高校与科研院所的人才、设备等资源优势，重视市场的调节作用，同时运用政府的宏观调控弥补市场的不足，力求达到经济效益和社会效益的最大化。

控制：在应急产业科技计划实施的过程中，要由政府牵头对计划进行阶段性的评估。主要的评估内容为：计划的完成度，经费的使用情况，任务完成的整体质量，项目的阶段性成果等。及时地发现问题并且针对发现的问题进行调整和改进，修正原定的目标或者改进计划的执行方式，预测未来的发展情况，以便于更好地完成预期目标。

验收：对应急产业科技计划的成果必须有严格的考核标准。采用系统的绩效考评制度对项目的执行效果进行客观的评价。通常合同规定的时间组织结题验收，项目承担单位对那些不能按时进行结题的项目要提出延期申请，列明客观原因，项目主管部门调查清楚后，决定延期与否及延期的期限。建立了一系列合理的评价指标，根据不同的项目予以选择相应的指标进行评估。这就使得结题评价更加的严谨、可靠。

改进：应急产业科技计划并不是固定不变的，它的过程是一个动态的、循环的系统，因而需要随着活动的不断深入，针对实践中发现的缺陷、不足、变化的内外部条件，不断对计划进行调整和完善。

4.2.5.2 科研平台的建设

(1)科研平台的概念及作用。

科研平台的概念是指由大型科技基础设施及基地、自然科技资源、科技数据和文献资源、科技成果转化基地、网络科技环境等物质与信息保障系统以及相关的共享制度和专业化队伍组成的，服务于全社会科技创新的数字化、网络化、智能化的基础性支撑体系。科研平台条件是科技人员开展各项科研工作的手段与舞台，是科研取得重大进展、孕育科学灵感、催生原创成果的有效支撑条件。

(2)科研平台建设存在的问题。

第一，科技资源分散，利用率低。当前科技资源分散在不同的产业和领域，没有统一的平台将它们统一整合进行再合理分配，导致闲置浪费现象较为严重。例如诸多大型仪器设备或先进实验室得不到充分有效地利用，直至落后被淘汰也没能发挥其应有的价值。信息沟通不及时，专家之间的交流研讨不顺畅，科技数据、科学文献、前沿技术信息传播滞后，造成不同单位之间课题重复，即浪费了社会的资源，又增加了科技研发的成本。

第二，科研基础薄弱。我国应急科技领域起步较晚，技术水平低。主要表现在：首先，应急技术的研究基础薄弱，应急设备技术含量不高，陈旧老化现象严重，不能适应快速处理突发公共事件的要求。其次，自主创新能力较弱，关键技术问题没有得到有效解决，很多高端技术主要依靠进口，在技术贸易中处于劣势。

第三，平台建设的政策、法规和标准都不健全。应急科研平台的建设需要依靠制度进行规范，现有政策制度的建设整体不够完全，在细节上不详细，仍处于边发展边探索的阶段。平台政策制度关系到多个方面，例如平台整体规划及法规保障、人才队伍的建设、日常管理和激励、考核考评、经费支出等，现有的制度对这些细节要求还不够完善。政策制度的操作性有待提高，范围应该扩展。此外，目前的政策制度缺乏调动性和适用性，贯彻力度不足，没有起到应有的约束作用。

（3）科研平台构建的主体。

第一，政府。政府在应急科研平台的构建中起主导作用，对其他主体在制度上引导和支撑。首先，政府通过制订合理可行的科技计划，设定具体的创新目标，明确应急科技研发的方向和重点领域，通过政策的倾斜，引导企业和科研机构将资金、人才等资源转移到重点领域上来，激励企业和科研机构的自主创新行为。其次，政府通过构建高效的科研平台，为企业和大学提供基础条件上的硬件环境的帮助，如大量科技活动经费的投入，帮助增强平台的研发能力，升级大型仪器设备，同时为科技创新活动提供良好的软件环境，营造出浓厚的创新氛围。为激励企业和科研机构制定和实施合适的科技创新政策。最后，政府在应急产业科研平台中还起到协调与管理的作用，成为平台中不同领域、不同部门等要素之间的沟通桥梁，成为平台的运作者和管理者，使平台中各要素都处于最佳状态。

第二，企业。企业是区域创新平台中主要的生产者和重要的创新主体。企业直接面向市场，能够了解市场需求，预测市场的动向，能够随时调整应急科技计划的创新目标以求得经济价值和社会价值的最大化。此外，从高校和科研院所的理论成果，到市场所需的成熟的产品，中间有一个成果转化的环节，要从技术创新获益，多数情况要求研究开发、生产制造和销售之间的密切配合和协调，因而企业是将科技成果商品化的直接推动者。同时，企业又是平台中的创新主体。整个区域中的企业，按着横向和纵向不同的层次联系在一起，能够做到既有竞争又有合作。竞争能促进不同企业的创新能力，激发出更多创新思路，更好地为创新平台服务；而企业间的合作和企业与高校的合作不仅能够降低成本、减小风险，更可以高效地实现创新平台的创新目标。

第三，高校及研究院所。高校和研究院所是应急产业科研平台的理论和技术支撑，其作用主要表现在两个方面：科技研发与培养人才。首先，高校和科研院所拥有雄厚的研究基础，他们承担一定数量的创新课题、科研任务，为企业输送创新科技成果。其次，高校和科研院所拥有丰富的科研资源，如先进的技术设备，前沿的科技信息，海量的技术数据，丰富的研究文献等，通过科研平台的资源共享或者校企合作等多种形式可以为企业的自主创新添加助力。高校还可以为科研平台直接提供相关的高质量创新人才，也能够为企业的在职员工提供深造的机会

(4) 科研平台的结构(图 4-8)。

第一，资源平台。资源平台主要分为数据共享平台，文献共享平台和设备共享平台三个部分，融合了国家或区域创新体系中各层次创新主体的创新资源，具有公益性、基础性和战略性等特点。该平台通过为区域中的广大企业提供技术创新物质条件的服务和共享，提高创新资源的利用效率，同时也促进区域内技术创新活动的开展。数据共享平台用于分享科技基础数据，实验数据等，文献共享平台主要储存科技图书文献、成果专利、技术标准等资料，设备共享平台为研发基础设施，仪器设备的共享提供有效渠道，提高了硬件资源的利用率。

第二，技术平台。用于开发不确定性大，技术含量高、对行业影响深远的应急创新技术，但这并不是单一的科研机构或者企业能够独立完成的。在技术平台中，大型企业的国家级技术工程中心发挥引导作用，集结行业协会、技术开发机构、技术检测机构等行业力量，聚合多方面的资源紧急重大技术的集中攻关。创建研发中心和成果转化平台，实现新技术的研制到投产的一体化建设。在此过程中，也会有中小型企业的参与，为他们提供学习的机会和空间。

第三，管理平台。首先，科研人员内部要形成良好的学术氛围，注重理论与现实问题的结合，注重不同领域的沟通与协作，通过应急产业科研平台中人才交流平台的建立定期不定期组织学术交

流活动,提高科研团队的协作精神,促进整体科研水平的提高。其次。当今时代,科技突飞猛进,研发出的科技成果要面向市场,得到人民的认可,产生社会效应。通过公共服务平台,群众可以了解到最新的应急科技产品和最全面的应急服务。同时,通过构建科技融资平台,制定合理的应急产业科技融资优惠政策,吸纳社会资金,为应急科技的发展提供资金保障。政府在平台中起到的协调、监督和管理的职能,建设政府管理平台,处理社会对应急产业科研平台的意见反馈,促进各方信息的交流,监督各项科技任务的按时、按质完成,将应急产业科研平台的效用最大化。

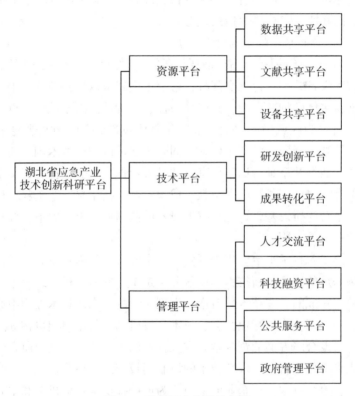

图 4-8　科研平台的结构框架

4.3　监测预警类企业的技术创新路径

4.3.1　自然灾害类企业关键技术的创新路径

自然灾害类企业关键技术的不足主要表现在信息质量难保证、技术应用水平低、数据共享程度低等方面。因此，企业应从技术存在的不足入手，探求技术的改进路径。自然灾害类企业关键技术的创新路径图如图 4-9 所示。

（1）保证数据信息质量。

自然灾害类技术要求的数据量大且对数据的质量要求比较高，但是目前的技术又达不到这样的要求，因此，企业可以从以下路径提升关键技术。首先，企业应分析技术实际使用过程中的不足；其次，加快"产、学、研"一体化建设，"以产养研、以研促产"，将产品使用过程中的不足反馈给研究机构；然后，科研机构利用其现有的高水平的科研能力和资源优势，对数据兼容性和传输技术过程中的信息损耗展开研究；最后，将研究成果投入生产，加快产品化建设，解决信息质量不高的问题。

（2）提高技术应用水平。

技术应用条件有限或仅使用一些较为简单的技术等技术应用水平较低的问题，可以通过以下路径进行创新。首先，企业应该加大职工教育投入，加强与科研院所的合作，这无疑是研究信息技术的基础；其次，在科研院所和企业创新人才的努力下，找出技术应用水平低的具体原因；然后，根据原因，逐个攻破，弥补技术缺陷，提高技术应用水平。

（3）实现数据共享技术。

数据共享程度低使得对数据的利用率不高，且花费的时间成本成倍增加。大数据技术作为近年来的新兴技术，对它的研究还不是很完善，而高校、科研机构等聚集着大量的专家学者，其对数据的研究无疑是最前沿的，因此，与高校、科研院所等展开合作对技术创新是极为有利的。通过对数据技术的研究和对共享技术的研究，最终实现数据共享技术的合成。

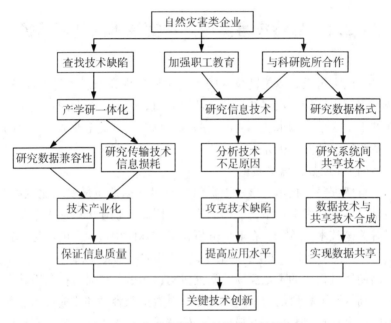

图 4-9　自然灾害类企业关键技术创新路径

4.3.2　事故灾难类企业关键技术的创新路径

事故灾难类企业关键技术的不足主要表现在对环境依赖性较

强、技术系统性不强、信息处理技术比较落后等方面。故而，企业也应从这几个方面出发，有针对性地对技术进行改进。事故灾难类企业关键技术的创新路径图如图 4-10 所示。

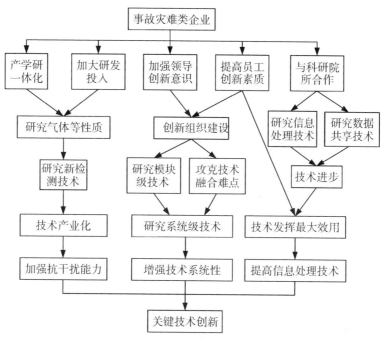

图 4-10　事故应急类企业关键技术创新路径

（1）加强抗干扰能力。

一些气体检测技术主要是依赖于化学反应的变化，化学反应受很多因素的干扰。因此，企业关键技术的创新可以从此入手。首先，加大研发投入，加强"产、学、研"一体化建设，为技术改进提供基础；其次，结合研究机构和企业研发部门的资源，研究气体、粉尘、土壤等的性质，进而研究出新的检测技术；最后，推动技术产业化，在实践中检验其效果。

（2）增强技术的系统性。

某一些事故的模块级或子系统级的技术已经成熟，只是缺乏系统级的技术。因此，企业可以在该项技术的发展上探求创新路径。首先，企业可以通过加大技术奖励等方法，加强领导的创新意识、提高员工的创新素质，建设创新型组织；然后，企业上下形成创新风气，研究模块级技术、学习融合技术，攻克技术融合的难点；最终，在现有的模块级技术的基础上，研究出系统级技术，增强技术的系统性。

（3）提高信息处理技术。

目前的技术对于数据仅作较为简单的处理，这无疑不能发掘蕴藏在数据中的海量信息。高校、科研院所是聚集数据技术人才的地方，与其合作可以在较短的时间内获得较大的收益。因此，企业应该加强与高校等的合作，通过其具有的前沿思想，研究信息处理技术、数据共享技术，实现技术的进步；再加上企业员工创新素质的提高，便可以使技术发挥最大的效用。

4.3.3　公共卫生类企业关键技术的创新路径

公共卫生类企业关键技术的不足主要表现在技术不具有普适性、技术漏洞改进较慢、监测技术缺乏评价等方面。相应地，企业也应该立足于不足，探求如何改进企业的关键技术。公共卫生类企业关键技术的创新路径图如图4-11所示。

（1）增强技术环境适应性。

针对技术环境适应性不强的问题，企业可以逐步改进。分析技术实际使用过程中的适用条件和可能用到该技术的现实条件；找出条件之间的差异之后，即可针对差异，研究技术的不足；借助科研机构等进行理论上的支持分析，推动技术产业化进程，增强技术的环境适应性。

（2）加快改进技术漏洞。

技术漏洞主要表现在，企业未能根据已有的科研成果进行产品化创新，仍沿用之前的技术。因此，企业可以加大对职工的技术奖励、加强职工教育，进行创新人才建设；鼓励职工研究现有的科研

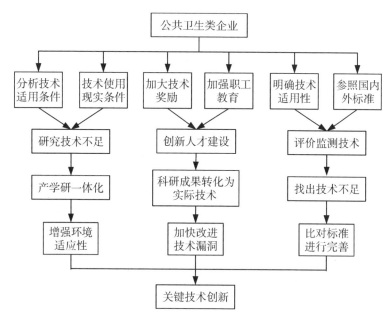

图 4-11　公共卫生类企业关键技术创新路径

成果，将其转化为实际的技术，加快改进目前技术上的漏洞。

（3）参照标准完善技术。

对于缺乏监测技术评价的问题，企业应该首先明确技术的适用范围，参照国内外标准，对监测技术展开评价，找出技术上的不足；然后比对标准，有针对性地进行完善。

4.3.4　社会安全类企业关键技术的创新路径

社会安全类企业关键技术的不足主要表现在比较落后、不能跟随时代或者环境变化而变化；兼容性较低、保护自身安全与跟外界进行交流之间存在的技术冲突不能很好地解决等方面。因此，此类企业应从不足出发，针对以上两个比较突出的问题进行改进。社会安全类企业关键技术的创新路径图如图 4-12 所示。

169

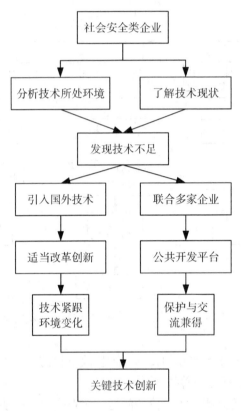

图 4-12　社会安全类企业关键技术创新路径

（1）技术紧跟环境变化。

技术的发展由于跟不上时代的进步而呈现出一系列的问题，针对于此，企业应该在了解技术现状的同时，分析技术所处的环境，及时发现技术存在的不足；学习国外相关技术，切实解决实际中的一些问题。

（2）保护与交流兼得。

企业为了保护自身安全选择使用防火墙等网络信息安全产品，但其同时也阻碍了企业与外界的正常交流。这是网络信息安全的瓶颈问题，凭借一家企业解决问题的可能性比较小，因此，企业可以选择与其他企业联合，在公共开发平台上展开研究，共同攻克这项难题，提高行业竞争力。

4.4 预防防护类企业的技术创新路径

4.4.1 个体防护类企业的技术创新路径

个体预防防护类应急企业目前关键技术的不足主要表现在多功能兼容技术不成熟、产品智能化技术待发展、辅助性能提升技术欠缺三大方面，因此，个体预防防护类应急企业关键技术的创新也主要从上述三个方向的技术创新出发，其技术创新路径图如图4-13所示。

(1)重点提升多功能兼容技术。

多功能兼容技术是保证个体防护产品防护性能的关键技术，个体预防防护类应急企业关键技术的创新应重点提升多功能兼容技术。多功能兼容技术的提升关键在于原材料复合性能的改良以及防护产品加工工艺的改进，因此，个体预防防护类应急企业应从原材料入手，加强与防护材料类应急企业的合作，向防护材料类应急企业表明自身的诉求，通过防护材料类应急企业技术的提高以保证防护产品加工原材料的综合性能，在此基础上改善个体预防防护类企业后续加工工艺，最终提升多功能兼容技术。

(2)加快发展产品智能化技术。

产品的智能化发展是个体防护产品未来的主要发展趋势，因此，个体预防防护类应急企业应从应急实际需求的角度出发，加强与科研院所的合作，联合开发出新型热点技术，并将这些技术与防

172

护服等防护产品的加工技术有机结合，同时也不断加快电子技术等现有热点技术与防护产品加工技术的融合，不断加快智能化技术的发展，生产高性能的个体智能化防护产品。

（3）注重开发辅助性能提升技术。

产品的结构设计、舒适性、透气性目前存在着严重不足，制约着应急工作的效率，因此，个体预防防护类应急企业关键技术的创新还要注重提升产品的辅助性能。首先，企业应收集应急人员对个体防护产品的反馈，了解产品现有的不足及应急人员的实际需求；其次对人体的特征予以全面的把握；然后，进行应急救援情形的模拟，更好地从专业角度考虑产品应具备地辅助性能；最后，通过结构的设计、加工工艺的改进，不断提升产品的辅助性能。

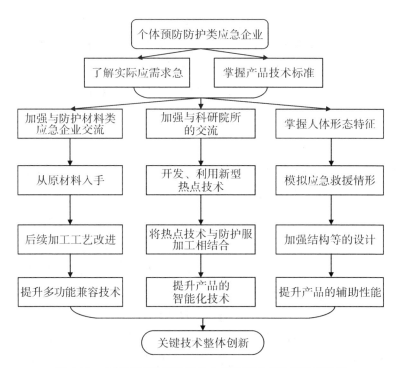

图 4-13　个体预防防护类应急企业关键技术的创新路径图

173

4.4.2   公共安全防范类企业的技术创新路径

公共安全防范类应急企业关键技术的不足主要体现在信息采集传输处理技术的不足以及跨学科跨领域技术的融合不够。因此，公共安全防范类应急企业关键技术的创新也主要从开发、提升这两方面的技术入手。首先，通过将防范产品技术现状与产品技术标准对比，了解和掌握现有产品的技术不足；其次，根据前面对该类企业不足分析的结果，重点从解决信息采集传输处理技术问题及跨学科跨领域技术融合问题的角度出发，全面创新关键技术。在解决信息采集传输处理技术问题方面，可通过与科研院所合作，共同开发、创新信息安全保障技术、信息储存内存扩大技术、信息高效处理技术；在多种技术融合方面，一是要进行跨学科跨领域交流，二是要注重建立技术研发团队，三是要科研院所合作，通过多方面的改进，最终实现跨学科跨领域技术的融合。公共安全防范类应急企业关键技术的创新路径图如图 4-14 所示。

4.4.3   重要基础设施安全防护类企业的技术创新路径

重要基础设施安全防护类应急企业关键技术的不足主要表现在设施的安装技术不足、设施的失效问题频发、重要安全防护设施的技术更新缓慢。针对目前的不足，企业应充分掌握中国灾害事故的特点，并结合设施技术标准，分别进行技术创新。在设施的安装技术方面，企业应积极开发通用的安装技术，编制相应的安装导则，同时企业应根据实际安装地点的特点，设计专用安装技术，最终保证基础设施的合理安装；在保障设施有效性方面，应在掌握设施失效原因的基础上，加强与科研院所的合作，共同开发新型的生产、

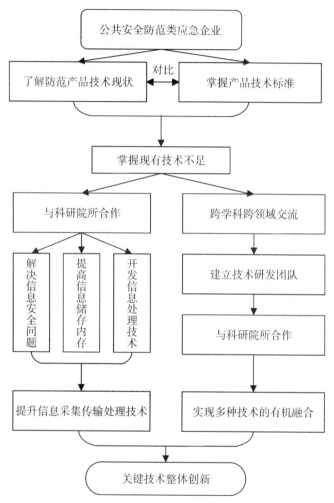

图 4-14 公共安全防范类应急企业关键技术的创新路径图

安装技术，确保基础安全防护设施的长期有效；在重要安全防护设施的技术更新方面，要依托产、学、研一体化，加强对新型技术的开发，加快技术的创新速度并加快新型技术向产品转化。重要基础设施安全防护类应急企业关键技术的创新路径如图 4-15 所示。

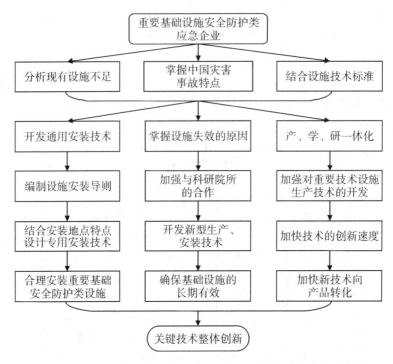

图 4-15   重要基础设施安全防护类应急企业关键技术的创新路径图

4.4.4   防护材料类企业的技术创新路径

防护材料类应急企业关键技术的不足主要表现在多功能复合整理技术多方受限、电子和传感技术等新型技术的开发有待探索、现有技术加工过程中问题频出。因此，防护材料类应急企业关键技术的创新也可主要从上述三个方向出发。重要基础设施安全防护类应急企业关键技术的创新路径图如图 4-16 所示。

（1）多功能整理技术的提升。

多功能复合整理技术是提高防护材料性能的关键技术，目前存

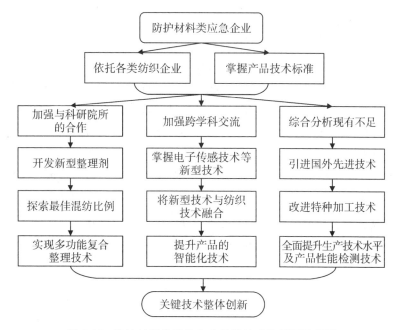

图 4-16   防护材料类应急企业关键技术的创新路径图

在的问题不仅在于企业没有很好地利用多功能整理技术，更在于理论界对多功能整理技术的研究还不够成熟，很多技术实施起来难度较大，其中整理剂的研究和混纺比例的确定是多功能复合整理技术的关键。因此，为有效提升多功能复合整理技术，首先应通过加强与科研院所的合作，重点进行新型整理剂的研究，不断开发新型整理剂以提高整理剂之间的协同效应、解决相容性问题，其次要积极探索各类材料最佳混纺比例，并在生产中严格控制混纺比例。

（2）防护材料智能化技术探索。

防护材料智能化依赖于智能化技术的研究，智能化技术是多个跨学科跨领域技术的有机融合，因此，防护材料类应急企业应通过加强跨学科跨领域交流，不断吸收和掌握电子传感技术等智能技术，将此类跨领域智能技术与现有纺织技术有机融合，使二者同时发挥最佳功效，以期全面提升智能化技术，最终实现防护材料的智能化。

（3）现有生产技术创新。

现有特种纺织技术的不足严重制约着防护材料的生产效率和防护材料的质量，国内目前没有更加先进的生产技术，因此，防护材料类企业可通过以下途径解决现有技术存在的问题。一方面，防护材料类应急企业应积极主动地与国内外其他先进企业交流，学习国内外先进企业的关键技术；另一方面，防护材料类应急企业应在综合分析现有不足的基础上，及时向政府反馈，寻求科研机构的协助，更多地获取国内外先进生产技术的最新信息，更大程度引进国际先进技术；当然，企业不能止步不前，应主动吸收国外核心技术以改进现有特种生产技术，实现特种纺织技术的创新，并不断提高自主创新能力，最终全面改善现有生产技术。

4.5 救援处置类企业的技术创新路径

4.5.1 现场保障类企业的技术创新路径

现场保障类应急设备所涵盖的技术包含卫星通信技术、短波通信技术、逆变技术等，这些高精尖技术的研发对于企业来说创新难度大，很难得出突破性的成果，而且研究成本高，企业难以负担。从某种程度上说，现场保障类应急产品的关键技术研究还关系到国家安全层面，因此在以企业为主体的应急通信关键技术创新中，政府的参与作用、扶持作用和监督作用都必不可少。因此，要构建"官产学研"联合创新机制，形成关键技术创新的上下对接，深化救援处置类企业与高校、科研院所的合作，落实政府的扶持政策，促进中国处置救援类企业关键技术和创新水平的提高。现场保障类企业关键技术创新路径如图 4-17 所示。

（1）企业。

企业处在"官产学研"联合创新体制中的核心位置，按照横向和纵向不同层次的关系和其他主体联系在一起。首先，从外部条件看，应急通信类企业应该加强与政府的合作，有效利用政策获得资金和技术的支持，加强与高校和科研院所合作，特别是人才与科研成果的交流，促进应急产业关键技术的成果转化。其次，作为企业本身来说，企业应该及时跟进研发机构现场保障设备高端技术的研发活动，找出自身技术的不足，及时更新自身的产品，在市场竞争中占据优势位置。例如，中国自主研发的"天通 1 号"已经成功升

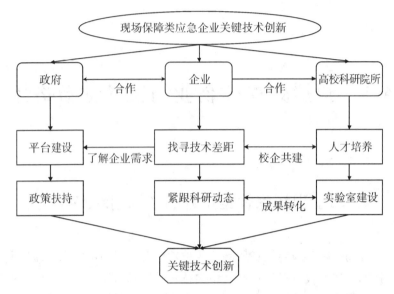

图 4-17　现场保障类企业关键技术创新路径图

空，其定位精确度，信号稳定度等性能都比现有的卫星定位系统优良，但目前能生产出于"天通一号"通信系统配套的应急通信设备的企业少之又少。现场保障类应急企业要做好技术专业性和兼容性的平衡，加大对应急通信、应急指挥等设备核心技术的突破，同时促进应急电源、供水保障等通用型设备的关键技术由专用向通用的转化，提高技术研发的投资回报率。

(2)政府。

政府应当积极构建救援处置类应急企业的联合创新平台，包括资源共享平台和技术共享平台，架起企业和高校、科研院所沟通的桥梁，同时起到政府监督与管理的责任。结合企业现有的技术水平和发展状况，设定具体的可操作性的现场保障类应急企业创新目标，明确现场保障关键技术研发的方向和重点领域。同时出台救援处置类企业专项扶持政策，提高融资、税收的支持，加强知识产权保护力度，通过政策的倾斜引导企业和科研机构将资金、人才等资源转移到应急通信产品的技术突破上来，激励企业和科研机构的自主创新行为。

(3)高校和科研院所。

高校和科研院所是人才和技术的输出方。高校机构和科研机构应当了解企业所需，为应急通信类企业培养专业性、综合性人才，打造现场保障类应急企业技术创新的智库。增强校企合作，共同建设大型应急通信技术研究基地，国家级重点实验室，注重科研成果的研发、转化与推广。集中力量攻破应急通信技术的技术瓶颈，如加快研发脚步，将我国自主研发的通信卫星送上太空，实现全球信号覆盖，达到应急通信技术全球领先水平；解决处置救援中应急通信设备覆盖面窄、信号较差等问题，推动现场应急指挥平台的技术升级；通过对应急电源的技术改进和结构优化，提高应急电源的能量转化率，提高电流的稳定性；推进净水设备中新材料、新技术的应用，促进现有技术的有效集成，提高饮用水净化的效率。

4.5.2　生命救护类企业的技术创新路径

目前来看，我国生命搜救设备的技术含量不高，产品同质化严重。生产搜救设备的应急企业数量较多，但规模较小，难以承担个体企业技术创新的经济负担。在这样的情况下，形成区域化的合作，实现"集群创新"，是生产搜救设备应急企业关键技术创新的最佳选择。生命救护类应急企业关键技术创新路径如图 4-18 所示。

(1)内部实现。

集群发展的最突出表现是企业分工的精细化。企业通过独立创新实现产业的集群创新，产业的集群创新同时促进了企业的独立创新。在分工精细化的精细化的条件下，单个的应急搜救类企业的创新成为整个技术创新产业链中的一环，而不需要兼顾每一个部件，每一个零件的生产技术的提高。要实现生命搜救类应急企业技术创新的内部实现，要求企业集中人才、技术、信息等资源，凭借自身

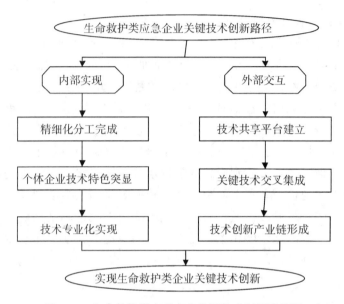

图 4-18　生命救护类应急企业关键技术创新路径图

的特色与专长走上自主创新的道路，实现某一方面核心技术的重点
突破，如生命探测技术的多人识别方法、生物洗消技术的实际应用
等。此外，在一个集群发展的大环境中，充分利用积极发展外部联
系，有效整合资源，吸收先进的传感器技术，提高生命探测的精
确度。

（2）外部交互。

在区域创新集群中，创新主要体现为组织间知识互动所产生的
网络式创新。区域内频繁的技术扩散、技术转移和技术溢出，能够
有效促进创新协同的产生。生产搜救类设备的应急企业在集群发展
中的外部交互旨在构建统一的技术交流平台，实现同类技术和非同
类技术的交叉与融合，创新与突破，实现生命检测技术在统一平台
上的集成，推动洗消装备智能化、全能化发展。在内部专业技术创
新实现的基础上加强企业间的交流与合作，形成生命救护技术创新
产业链，整个行业的技术进步。

4.5.3 抢险救援类企业的技术创新路径

目前，我国应急企业生产的抢险救援设备产品结构单一、功能不完善，企业的自重创新能力低，创新成果较少。从上文中对抢险救援类应急企业关键技术的现状分析中可以看出，在抢险救援设备的核心技术领域，我国与欧美等发达国家还有很大一段差距，从发动机到底盘，从动力系统到控制系统，基本上依赖于国外的技术。为了减少我国抢险救援设备关键技术与其他国家的差距，应促进企业走"模仿学习—技术改进—技术创新"创新路径，最终实现抢险救援类应急企业的技术进步。抢险救援类应急企业关键技术创新路径如图 4-19 所示。

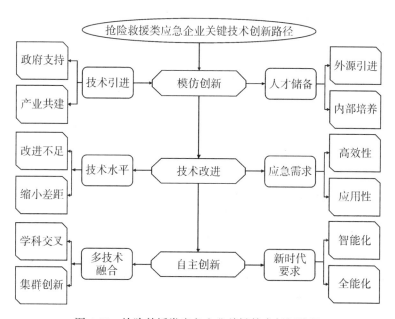

图 4-19　抢险救援类应急企业关键技术创新路径

（1）模仿学习。

在模仿学习阶段，企业购买、引进国外先进技术，使用现有的成熟技术并对其进行简单的模仿，引入先进的生产设备，在模仿学习的过程中积累生产经验和技术技巧。对于生产运输设备的应急企业，应对自动灭火装置的自动识别技术、应急运输车的转向系统、矿井吸水泵的叶轮结构等核心技术进行重点学习，形成一套完善的理论方法，模仿学习的最终目的是达到技术吸收。

在技术引进的过程中，单个企业的力量可能无法承担起高新技术引进的经济负担，此时应当政府参与多方协调并且制定应急运输类企业技术引进的财政补贴政策，应急产业联盟应当考虑以集中多个应急类运输企业力量或者以整个应急产业的名义引进和购买技术，之后实现应急运输设备关键技术的共享，帮助中小型抢险应急类企业迈出从模仿学习到自主创新的第一步。同时，应急运输类企业还应当加强与高校和科研院所的交流，积极引进高端技术人才，强化对内部技术职工的培训，做好充分的人才储备，完善企业关键技术的智库。

（2）技术改进。

技术改进是通过现有的平台，使用并跟随先进企业开发成长中的技术和产品，或对成熟的技术进行创造性的改进。对于生产抢险救援设备的应急企业来说，技术改进应该包含两重含义。首先，在现有的抢险救援设备的技术水平上，借鉴先进的方法和关键技术，逐步缩小前端技术的差距。其次，依据我国发生的自然灾害或者突发事件的特点，改进现有的抢险救援装备的关键技术，生产出更符合国情、救援效率更高的设备。技术改进对于企业的技术创新来说至关重要，如果技术改进这一步没能实现，企业很可能会陷入"引进—吸收—再引进"的恶性循环当中，因此在这个时候需要企业自身技术创新的坚定意志以及政府强有力的政策支持。

（3）自主创新。

企业进入自主创新阶段，已经能够抹去原来的模仿痕迹，形成特有的核心技术能力以及产品技术平台。企业开始探索科技的前沿，促进多平台、多学科、多技术的交流与融合，达到技术的领先水平。此时的抢险救援设备的关键技术就应该着眼于未来，往智能化、全能化、绿色化方向发展，提高救援处置的运输效率，保障救援安全。

4.6 应急服务类企业的技术创新路径

4.6.1 事前预防服务类企业关键技术的创新路径

(1)建数字化应急预案，提高预案实施效果。

和传统文本应急预案相比，数字化预案加快了信息的传播，提高了应急服务的时效性，从而提升了应急预案的实施效果，使之更加科学合理。数字化应急预案可分为以下四个层次：网络通信层是数字化应急预案的枢纽，基本信息层为其提供基础信息，信息展示层展示搜集汇总的应急信息，系统应用层为决策管理人员提供支持。数字化应急预案能及时掌握信息，综合处理，并根据实际情况进行修缮；在突发事件发生后，能迅速汇总分析，处置果断，可大大缩短应急服务时间，充分发挥应急预案效用。

(2)推动企业集群发展，拓宽企业融资渠道。

要想真正革新技术，需要企业各方面实力提供支持。应推动企业集群发展，可考虑在应急产业综合发展潜力大的地方建立示范基地，推动国家应急产业发展，创新产品和服务。政府需给予优惠政策鼓励企业发展，企业应注重人才培养，尤其是专业型技术人才的培养与引进。还应拓宽企业融资渠道，例如鼓励设立相关投资机构及导向基金。还可鼓励企业加大直接融资力度，鼓励天使投资，并顺应网络时代互联网金融发展的新趋势，推动应急企业向前发展。

事前预防服务类应急企业关键技术的创新路径如图 4-20 所示。

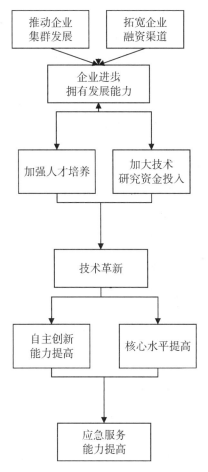

图 4-20　事前预防服务类应急企业关键技术的创新路径

4.6.2　社会化救援服务类应急企业关键技术的创新路径

(1)利用拓扑技术算法，优化应急通信数据。

在现有应急通信应用 WSN 的基础上，利用拓扑控制技术进行性能优化，从而获得更好的应急数据。网络拓扑控制有本地邻居平均算法、密度控制算法、PC 域覆盖算法、覆盖配置协议、域主宰集协议、CCLO 算法等算法技术。WSN 中有较多数量传感器，由于不均匀分布，其采集的数据常有冗余度。对此，可将多个节点数据的搜集进行融合处理，从而大大节省能量。还可以考虑将依赖于应用的数据融合技术和独立于应用的数据融合技术结合起来。这可提高数据处理效率和准确度，成为应急数据优化的一个方向。

（2）结合各种先进技术，完善应急平台建设。

针对应急平台信息掌握不及时不准确，无法和事故现场及时交流协调的问题，可以结合 Web GIS 技术以及 Android 系统，将事件现场的信息通过手机端拍照发送到服务器端。这样应急平台端就可以通过地图定位事故现场，掌握现场信息，从而迅速整理分析，作出决策。另外，可以在应急平台建设时引入基于 Flex 的 RIA 技术，与目前 Web GIS 常用的动态网页技术（Javascript）相比，RIA 创建的智能客户端拥有更丰富的用户界面和互动性体验，同时能减轻服务器压力。在 RIA 的开发框架中，Flex 功能最为齐全强大，被广泛推广和应用。基于 Flex RIA 技术的应急服务系统能够稳定运行，迅速响应，具有良好的使用效果，是完善应急平台建设的一个良好选择。

（3）建立仿真救援系统，集中应急救援力量。

可建立基于 GIS 的应急救援信息处理及仿真的救援系统，对事故现场进行三维建模，搜集应急救援现场数据，在三维 GIS 环境下建立救援信息处理仿真系统，仿真模拟救援过程。通过模拟仿真，对应急救援行动进行判断决策，集中救援力量，防止救援分散盲目。对于落后的硬件设备，要加大技术革新的经济投入，提高设备专业化程度。要建立成熟的应急救援指挥决策系统，合理安排应急物资，充分发挥应急救援的力量，提高工作效率。

社会化救援服务类应急企业关键技术的创新路径如图 4-21 所示。

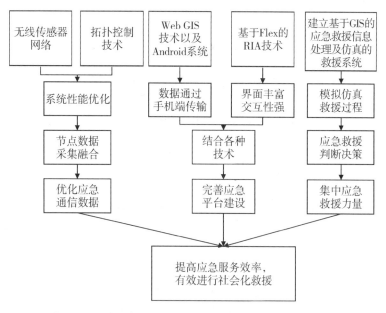

图 4-21　社会化救援服务类应急企业关键技术的创新路径

4.6.3　决策与通信类应急服务类企业关键技术的创新路径

（1）建影像金字塔模型，提高数据传输效率。

为解决北斗导航系统的技术缺陷，可建立基于部分影像金字塔模型（SIP）的北斗卫星短报文影像传输系统。该系统采用影像压缩技术和传输局部目标区域数据块的方法解决通信带宽较窄的问题，以缩短数据传输时间。同时，为解决传输数据时效性和丢失问题，可采用传输图标编码的方法，建立数据丢包检测与重传机制。这可以有效减少数据丢失的概率并提高数据传输的效率和准确度，从而充分发挥北斗导航系统服务的作用，并提高应急服务的成效。决策与通信类应急服务类（北斗导航应急服务）应急企业关键技术的创新路径如下图 4-22 所示。

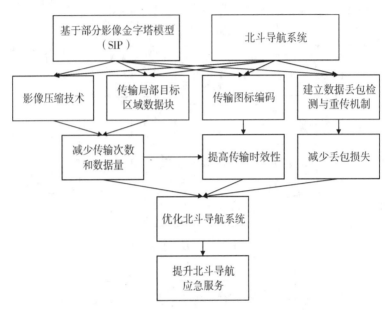

图 4-22 决策与通信类应急服务类企业关键技术的创新路径

(2)加强数据共享工作,完善保障系统设计。

对于测绘保障服务目前存在的技术不足,应丰富应急测绘资源,加强数据共享工作,完善应急平台的设计功能,提高部门协调分配效率,提升设备设施硬件软件水平。包括从被动式测绘保障应急救援服务转向主动式测绘保障应急救援服务,在前期准备和预防方面加大研究力度,提高预防水平。同时,加强与企业、高校和科研所的合作,进行数据共享,丰富测绘资源,在合作中共同进步,提高测绘保障服务水平。还可利用 OSM 等网络信息资源,并在周边进行测绘工作,小的方面从周边做起,大的方面了解总结世界性测绘资源,不断丰富测绘资源数据。决策与通信类应急服务类(测绘保障服务)应急企业关键技术的创新路径如图 4-23 所示。

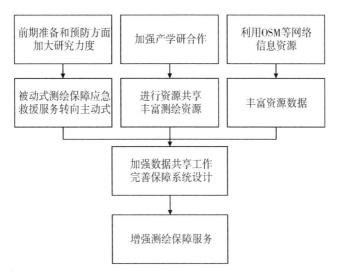

图 4-23 决策与通信类应急服务类企业关键技术的创新路径

第 5 章

中国应急产业发展和技术创新政策建议

5.1 科学技术研究方面的政策建议

5.1.1 国家科技计划支持的政策建议

（1）国家应急产业科技计划的政策要求。

第一，有目标、有重点。制定国家应急产业科技计划要以提高国家应急产业科技水平，促进应急产业向前发展，保障人民群众生命财产安全为总目标，进一步提升应急产业科技创新能力，提高应急科技企业的自主创新中的主体地位，推动应急科技产品的成果转化，培养应急科技领域高级技术人才，使国家应急产业科技水平走在全国前列。国家应急产业的政策应根据新时代背景下面临的新挑战与新机遇，有选择地对技术含量高、发展潜力大的项目予以重点关注和支持，着力打造有特色，高水平的应急产业品牌。

第二，有制度、有原则。国家应急产业科技计划中的每个步骤，都应该有制度来规范，有原则去遵守。要确保国家应急科技计划从启动、规划、实施、控制、验收和改进的一系列过程都是在合法、合理的条件下进行的。要通过实施应急产业科技计划来促进应急产业的发展，要遵守社会公平的原则，不能由此损害其他行业的利益，不能给腐败行为提供空间、不能有地方保护主义的倾向。

第三，有计划、有行动。根据国家应急产业的现状和目标，制订适合自身发展的应急产业科技计划，设置出合理的工作指标以及可行性高、针对性强的应急科技计划实施方案，对于政府、企业、高效和科研单位的职责与任务要进行详细的规定。此外，要将计划落实到实际的生产当中，不能让政策变成一纸空文。要充分调动参与主体的积极性，形成良好的应急产业科技创新的氛围，促进计划高效落实并且取得实际性的成果。

第四，有监督、有反馈。在应急产业科技计划制订完成之后，在实施的过程中，要配备有专门的工作人员对监督和检查，及时反馈计划完成度，经费使用情况，评估阶段性成果，对计划的完成质量进行严格的把关，密切关注计划体系中存在的风险，保证计划的顺利完成。同时要对应急科技计划实行过程中来自企业和群众的建议进行及时的处理，针对计划实行过程中发现的问题，对应急产业科技计划进行调整与完善。

（2）应急产业科技计划的政策内容。

第一，科技投入政策。加大应急产业科研经费的投入力度，创立应急产业科技创新专项资金，缓解企业在技术研发初期资金紧张的难题，降低企业的成本和风险。加大应急科研资金的覆盖面，鼓励各个领域的企事业单位加入到应急科技的研发创新中来。政府的资金政策还具有较为明显的引导作用，加大资金投入的同时，要选择关键技术，将资金逐渐倾向于有战略意义的重大专项和关键技术，引导社会资金流入重点企业的关键技术研发，实现技术创新重点突破，攻克行业内的技术难题。逐步刺激企业自发的投入应急科技的研发投入，确立创新主体的地位。对于自主创新能力强，发展潜力大的企业在进行评估以后，建立长期资金扶持机制。

第二，税收政策。通过给予应急产业创新企业定期减免税，主要采取是减免所得税、适用低税率、允许税额扣除等方式对企业实行税收优惠政策，从本质上说，这意味着企业纳税义务的减少，获利增加。这一强劲的市场信号将引导企业的投资行为按税收优惠的方向进行，这便是物质利益规律的作用。此外，要注重税收体制的完善，当前的税收优惠政策中，侧重生产和销售环节税收的减免，如营业税、企业所得税等，这在一定程度上导致企业对科技创新的动力不足，因此，税收优惠的重心应该调整为技术研发和成果转化上来，完善税收优惠的体制。允许企业加速研究开发仪器设备的折旧，对购买先进科学研究仪器和设备、成果商品化等活动提供必要税收扶持政策。

第三，科技金融政策。同时建立多元化的资本融资体系，加强鼓励引导，吸收社会投资，放宽资本市场，做好企业融资服务工作。实现资金需求方和供给方的"无缝对接"，通过科技投融资的放大和拉动效应，使有限的科技投入发挥金融杠杆作用，以激活更多的社会资本、民营资本进入到科技创新的领域，科技金融服务平台还可以通过自身的聚集效应推动地方金融业的综合化经营，为高新技术企业提供综合化金融服务。鼓励金融机构对国家重大科技产业化项目、科技成果转化项目等给予优惠的信贷支持，建立健全科技贷款统计制度，加大对科技创业企业的信贷支持力度，不断提高科技型企业信贷投放量占信贷投放总量的比重。建立健全鼓励中小企业技术创新的知识产权信用担保制度和其他信用担保制度，为中小企业融资创造良好条件。鼓励保险公司加大产品和服务创新力度，为科技创新提供全面的风险保障。

第四，政府购买政策。建立政府采购自主创新产品协调机制。对国内企业开发的具有自主知识产权的重要高新技术装备和产品，政府实施首购政策。对企业采购国产高新技术设备提供政策支持。通过政府采购，支持企业形成技术标准。

第五，技术引进政策。技术引进是实现技术进步和跨越式发展的重要方式之一。在技术引进中要注意的问题在于：首先以国家对应急产业科技的规划为导向，结合应急产业科技发展的现状，力求先进技术的引进，扩大自身的技术优势，发挥产业特色，提高应急产业科技创新的整体水平。对于技术引进的数量和规模要所控制，为产业技术自助创新留有空间。另外，在引进国外先进技术的基础上，通过消化和吸收，进行二次开发与创新，形成具有自主知识产权的新技术。

5.1.2 知识产权的应用与保护的政策建议

综合考虑我国目前知识产权的应用与保护现状，针对应急产业，提出以下几点政策建议：

（1）建立健全相关的法律、法规和规章。

现行的知识产权保护法律如《专利法》从大纲上对所有领域的相关知识产权保护做了规定，未能详细地规定具体领域的具体做法。故，仍需在具体领域、行业上做出详细的规定，形成以基本法为主干，专项法为支干的完善法律体系，建立起法律的保护墙。国家和地方相关政府机构可根据应急产业的特点，以国务院颁布的法律法规为基准，结合实际情况，出台针对应急产业科技成果的相关保护政策，以此鼓励广大发明者专家进行发明创造。相关政府机构可根据行业实际发展情况，制定应急产业内知识产权保护规章。规章可从科技成果等的研究、创造、生产到推广等一系列过程中所涉及的各方之间的关系和权益甚至是过程做出详细的规定，给企业或者个人指出知识产权保护的步骤，保护其合法权益不受侵害，推动应急产业的发展。

（2）建立健全知识产权保护制度。

相关政府机构应当加大对科技成果的监管力度，保护其合法权益不受侵害。在此过程中，执法机构应当严格遵守相应的法律法规，按照规定的合理的执法程序对其进行监管。对于侵犯知识产权的行为可以采用多种方式进行处理：情节较轻的可以采用说服教育的方法进行协调和解；情节较为严重的采用行政处罚的方式，即给予罚款、拘留等；情节更加严重的，触犯了法律的则可采用行政诉讼的方式，用法律解决问题。除了针对不同情况采用不同方式的执法行为之外，国家和地方相关政府机构也应当规范完善现有的机制，做到执法的统一性、合理性，使其具有指导性作用。

除了以往常用的执法手段，在新时期下，国家和地方有关政府部门还可借助新型的管理手段如互联网对应急产业内的知识产权进行实时保护。建立一个网上信息公开平台，对国内有关应急产业的科技成果等进行登记，记录下有关信息。在发现类似侵权行为，可在平台上进行查找，确认其侵害对象，并对此情况进行平台上的通报，将其拉入行业"黑名单"，以此警告其他人勿进行侵权行为。

（3）建立专门的知识产权组织机构。

政府机关每天需处理多项事务，设计的范围很广，为了减轻政府的压力，更好地对科技成果进行保护，应当在国内加速建立专门的应急产业知识产权组织机构。即，在政府的监督支持下，专门聘请在应急产业和科技成果方面颇有建树的专家，形成一个专门的保护应急产业内科技成果的组织。同时，建立健全组织内的人员机制、合理分配工作、制定详细的工作细则和规范，以完善其管理制度，确保该组织机构能够良好的运行下去。企业日常可向该机构进行咨询有关知识产权的基础事务，如如何申请专利，侵权如何处理。加快应急产业内问题的处理，促进产业更好更快的发展。

（4）制定政策鼓励知识产权的应用。

针对不同规模和模式的企业，政府应当根据其发展现状和知识产权使用状况制订不同的鼓励政策，促进知识产权的应用发展。完善资助引导政策，鼓励企业去进行技术的创新，创造出更多的或者更高效的应急产品和技术。政策应首先明确企业获得鼓励的条件，其次确定每种情况下鼓励的程度及其具体鼓励的方式。科学、合理地进行每种方式的鼓励，使其激励和引导作用发挥到最大值。鼓励企业与高校、科研机构进行合作，适当对"产学研"联盟机构予以政策上的支持，如减免税收。

虽说知识产权与技术创新密切联系，但不可盲目的追求知识产权数量。仅仅发明创造了技术、产品，但无法投入生产，现实价值也会大打折扣。鼓励科技成果持有者通过与企业的合作将产品进行资本化，投入到生产中去。对于此类实用性、对应急产业发展具有促进作用的发明创造，政府部门可适当给予奖励。如，每年进行应急产业内科技成果的评比活动，通过口头、物质奖励，让更多的发明创造者进行创造，推动应急产业的技术创新。

（5）加大宣传力度。

专利的认定采取"先到先得"的方式，即首先对该成果进行申请的人获得其知识产权。许多发明创造者对专利不了解，无法在取得科技成果后第一时间进行专利的申请，很有可能让其他人占了先机，夺取了该项产权。所以，政府部门应当加大对知识产权、科技成果的保护、专利等相关知识的宣传，让更多的人了解知识产权，懂得通过何种途径去保护自己的合法权益。2005年，国内专利申请书达28万件，其中，企业专利申请书仅为1.7万件，仅占总数的6%。由此可见企业普遍忽视知识产权，没有意识到它的重要性。对此，可定期组织开展专题教育培训，让企业高管参与其中，让他们认识科技成果权，主动去保护企业内部的科技成果。许多企业未能了解到科技成果的重要性，在企业生产中忽视创新。对此，政府应当加大对科技成果的宣传力度，定期组织企业高层人员去先进企业进行学习，让他们了解到科学技术就是第一生产力，从而鼓励他们进行创新，获得产业内的核心竞争力。

加强企业、个人的法律意识、产权意识，从根本上去推动科技成果的产权保护，从而使他们加强对科技成果的创造开发，推动我国应急产业的发展。

5.1.3 科技人才引进和培养的政策建议

（1）人才引进的政策建议。

第一，树立正确的人才观，设立人才引进计划。在知识经济时代，国家和地区的竞争归根结底是技术人才的竞争。应急产业作为一个新兴的产业，更需要将人才要素作为产业发展的重要推力。政府要营造一种"重才惜才、爱才护才"的人文环境，将人才引进工作变成一种自觉的行为，主动提供有利政策，吸引人才，而不是等待着人才来应聘。政府应设立应急产业人才引进的长期计划，在制定应急产业科技发展的总体战略时将人才政策放在重要位置。

第二，建立人才需求目录，拓宽人才引进渠道。首先，要引进人才，首先要知道引进什么样的人才。结合应急产业技术发展的目标，设立人才需求目录。对重点领域、尖端技术适当采取人才政策的倾斜，优先发展，实现核心技术的突破。技术人才和管理人才要有不同的比例分配，技术人才是推动应急产业技术向前发展的直接主体，但是没有专门的管理人员，无法形成高效、有序的科研环境，科研人才的才能也不能得到充分的发挥。其次，引入应急科技领域的领军人物、权威专家、高级技术人才，充分发挥他们的自身的优势，带动应急产业科技的不断向前发展。这样既可以让科研机构在课题选择、聘任人才方面有更多的信息来源，又可以使得产业新开发的技术和国际上的同行们进行有效的沟通。最后，要为中青年优秀科技人才提供更多的政策机会，首先要建立高层次的人才培养计划，在这一点上，可以依托《新世纪百千外人才工程实施方案》。以此为基础，通过各种渠道引入高水平青年科技人才。大胆引入并且支持青年尖端人才脱颖而出，将专业技能较强又富有朝气的中青年放到学术、技术工作的关键岗位上来，打破老旧的观念，敢于突破，用新的思想为应急产业注入新的活力。

第三，创造良好的工作环境。为科研人员提供充裕的科研经费和良好的研究开发环境，加大科技投入，为科技人才提供良好的物质条件。加强科技项目扶持，鼓励开展各类科技研发活动，优先推荐申报各类科技计划，给予不同的研发项目不同等级的资金补助。同时注重技术人员工作环境的改善，注重人才队伍的建设力度。减少官僚主义等因素对科研人员的影响，创造良好的学识氛围，给科技人才提供学术上的民主和自由。加强人才交流平台的建设，促进学识活动的合作与交流。开辟创业绿色通道，应急产业高级技术人才创办企业时，相关部门在工商税务登记、检验检疫、通关等方面提供便捷、高效服务；优先考虑土地供应，符合省点提供条件的帮助企业申报省点供计划；新建或新购买的研发场所，缴纳房产税有困难的，经市、县政府批准，并报所在地主管税务机关核准，可免征房产税。从事技术转让、技术开发业务和与之相关的技术咨询、技术服务业务取得的收入，免征营业税；创业创新领军人才所在企业，被认定为国家高新技术企业的，可享受高新技术企业税收优惠政策。

第四，提高生活保障水平。在应急产业科技园区开通服务专线，协助高技术人才办理落户、签证、驾照转换、游园证、市民卡、专业技术资格认定等事宜。完善住房、就业、就学、就医等保障政策，为技术人才解决后顾之忧。推动各地人才公寓建设；高层次人才的养老、医疗保险参照机关事业单位标准办理；子女需要在市区中小学就学的，根据情况享受相应优惠政策；在家属安排工作中原则上可调入相同性质的部门或单位，根据情况可增加相应的编制；建立高层次人才个人健康档案。

（2）人才培养的政策建议。

第一，加大应急科技人才培养规模。近年来，高校规模在不断扩大，但应急产业人才仍处于紧缺状态，加大对应急科技人才培养的规模，增加应急科技人才的数量，以满足应急产业发展中不同层次、不同岗位对人才的需求。应急科技人才的来源主要有三种渠道：高校、研究院所和企业，因此，要增加应急产业科技人才的数量，拓宽高校、科研院所、企业培养人才的途径，为应急产业的建设吸纳更多专业的科技人才。

第二，提高应急科技人才培养质量。长期以来，自主创新能力不强一直是制约应急科技发展的重要因素，提高应急科技人才的质量，重点在于培养应急科技人才的创新能力，实践能力。一方面培养创新性人才，要求高校对学生的培养方式上有所改变，不是摆脱应试教育的框架，积极向素质教育转变，提高应急科技人才培养的质量。另一方面要培养复合型人才，培养出一批即熟悉应急科技，又了解应急管理，知识水平高、业务能力强的综合性人才以满足不断变化的市场需求。

第三，鼓励校企联合培养人才。建立校企合作制度，共同培养应急科技人才。首先是企业人员进入学校，应急科技企业的用人标准和规范应与学校的教学活动、培养模式向协调，共同培养专业性应急科技人才。企业还可以请一线的专家为学生介绍现场工作经验，将企业研发的新产品、新技术带入课堂，激发学生的兴趣，推进人才的培养。应急企业可以在校内创立经济科技奖励专项基金，对在创新能力强，培养潜力大的学生给予物质激励。此外，企业选派优秀的员工进入高校学习，进一步提高他们的知识文化水平。其次是高校学生进入企业，最典型的做法是校企共建实习实训基地，让学生到企业中去锻炼，参与企业应急科技研发中的一些活动，实现双方的互利共赢。

第四，实施科技人才继续教育工程。实施科技人才继续教育工程。继续教育包含两方面内容，一是政治理论的继续教育，主要是要经常对科技人才进行邓小平理论和党的基本路线教育培训，加强思想政治工作，引导广大科技人才树立正确的世界观、人生观和价值观，坚定理想信念。二是强化对科技人才"新理论、新技术、新技能、新信息、新知识、新方法"的培训。实行继续教育证书制度，促使科技人才不断更新知识，增强创新能力，全面提升综合素质，以适应新形势的需要。

5.2 应急企业创新与发展的政策建议

5.2.1 促进国外大型企业加盟的政策建议

我国应急产业目前处于发展阶段，为实现其稳定、快速的发展必定要增强技术实力，进行技术创新。通过引进国外的大型企业，学习并了解其内在工作机制和发展制度，以其作为龙头企业来带动全国的应急产业技术创新的发展。

(1)完善优惠政策。

政府机构应当完善对引进的国外大型企业的优惠政策，促使其加盟我国应急产业，促进产业的技术创新。

首先，政府机构应当建立一套完善的外来公司考核体系，对想要进入我国的企业进行实地调查，即了解该企业的规模、发展现状、技术创新的现状，综合考虑所有的情况对该企业进行评分。根据该评分，政府决定是否引进该企业，或是根据不同企业的情况给予不同的优惠政策。其次，对不同级别的企业实行不同的经营成本补贴。适当降低企业所得税，增值税、营业税等种种税费，降低其在我国的经营成本。

对加盟的国外企业实行土地优惠政策，企业可以优惠的价格获得土地的使用权，对生产要素的优惠政策。对于银行贷款、资金流通，政府也可适当放宽政策，在资金方面给予大型企业优惠，使其更容易取得贷款等。除此之外，政府还可适当提供给外来企业竞争优势，在与政府或其他机构的合作中优先考虑外来企业。定期对政策文件进行修正和更改，不断地在实践中完善优惠政策。通过种种的优惠政策促使国外大型企业加盟我国的应急产业，以其作为发展榜样，推动国内其他企业的发展。

（2）完善服务制度。

长期以来，我国各级政府在经济发展过程中行使职权来进行资源的分配，同时向企业、个人经营单位提高各种社会资源，充当了经济发展中的先锋和投资主力军的角色。但随着经济的发展，这种政府管理方式已经不适合当今发展的需要，政府应当由经济导向者转变为民众服务者。即政府将精力转移到为经济发展创造优良的环境、提供优良的服务上去，促进整个社会的和谐健康发展。

在我国应急产业的技术发展中，政府应当担任着决策者、管理者、控制者、协调者、监督者这五种角色。对此，政府应加大对行政体制的改革力度，加快建立规范的、公正廉洁的、透明的管理体制，避免腐败贪污、不公平、不公正。全面开展政府事务透明化、公开化，明确指出对外来企业的哪些优惠政策，如何对其进行的评价等有关信息的披露。

提高政府相关部门行政人员的素质，对待外来企业友好礼貌地进行接待，耐心回答其问题，诚心解决企业存在的种种困难。在政策的执行过程中，相关执行人员也应当严格按照规定的程序进行审核等，采用科学、高校的办法执行公务，提高办事效率，给大型企业留下好的印象，促使其加盟。

（3）优化投资环境。

除了良好的优惠政策和服务态度，一个良好的环境也是许多大型企业决定是否进行投资建造的重要因素之一。政府不仅应加大政策的优惠力度，还应优化国内投资环境，促使更多国外优秀企业进入我国。

其一，优化国内发展硬环境。加快发展国内基础设施的建设：加速铁路、高速公路等交通设施的建设，促进交通的便利，方便货物的流通、出行等，为企业的发展创造良好的外部环境。加快城市的发展进程，促使更多的人进入我国寻求发展，给企业提供人才。

其二，强化软实力。我国是一个教育强国，特别是在基础教育和专业技能培养上有独特优势。我国拥有众多高等院校和大学生，有关政府应当建立相应的人才交流机制，促使更多的人才流向企业，促进企业的发展。这样一来，国外企业因需大量人才而选择进入我国。建立健全法制体系，拥有一个良好的法律环境，真正做到行政公务公正公开、透明化。

5.2.2　国内小微企业专项基金与税收减免的政策建议

小微企业是小型企业、微型企业、家庭作坊式企业、个体工商户的统称，《关于小型微利企业所得税优惠政策有关问题的通知》从从业人数、资产总额、年度应纳税三方面对小微企业进行了详细的说明。小微企业在行业的发展中起着至关重要的作用，虽然小微企业人少企业总资产也少，但是数量众多，因此在应急产业的发展过程中，应当重视对小微企业的扶持。

（1）建立健全相关的法律制度。

我国政府综合考虑国家经济发展现状，为促进中小微企业的发展先于 2003 年和 2011 年颁布了《中华人民共和国中小企业促进法》（简称促进法）及《中小企业划型标准规定》（简称标准规定）。这两部法规构成了我国中小微型企业发展的法律体系，明确了政府部门在促进中小微型企业发展中的职责。但这两部法规主要是针对国内所有行业的中小微型企业，在具体的行业规定上稍有欠缺。因此，相关政府部门应当制定有关应急产业的专项法律，对应急产业内部的小微企业的发展做出详细指导。

国家和地方相关政府部门可根据国内应急产业小微企业的发展现状，在《促进法》和《标准规定》的基础上，制定地方性法规对小微应急产业进行扶持，促进其发展。在此过程中，可参考国外发达国家的优秀例子，向它们学习，制定一系列详细、合理的法律法规。对小微企业内技术创新进行指导、推动。建立健全小微企业专项基金、税收减免的法规，从而进行拨款和税收减免。

（2）小微企业专项基金政策建议。

专项基金是指企业除生产、经营资金来源以外的，从特定来源形成并具有专门用途的资金来源。主要可分为以下四种：

①企业内部形成。其中一部分是从成本中提取的；另一部分由企业留利形成。

②国家拨入。国家拨给企业具有专门用途的专项拨款。

③专项借款。

④专项应付款。在专项资金使用过程中而临时占用的各种应付款项。

在这里，专项基金应当指的是政府拨入的专供企业技术发展所用的基金。

政府首先应当建立一套完整的针对国内应急产业小微企业的考核体系，对企业的生产经营、技术发展、技术创新等状况进行调查，结合调查结果，按照一定的标准对小微企业进行分类。再按照情况的分类进行不同的专项基金扶持政策。其次，相关政府部门应当建立健全相应的专项基金制度，确定扶持对象和金额。这个制度应综合考虑国内应急产业发展现状，使每个小微企业都能获得合理、适当的帮助，切实有效的促进技术创新。再次，相关政府部门应当确立专项基金的拨款程序，建立专门的组织负责监督管理和调控该项事务。真正做到把专项基金发放到实处，在企业最需要的时候到账，扶持其进行发展。最后，应当加大监督管理力度，对专项基金的发放、使用等情况做严格调查和监督，确保基金落实到实处，真正用到了技术创新上去。一旦发现贪污、基金滥用或者其他违反专项基金本质的情况，依照情节的轻重对其进行处罚，并不再对其发放专项基金。

（3）小微企业税收减免。

政府机构应当完善对国内小微企业的税收政策，减少其成本开销，促进小微企业的发展，推动其进行技术的创新，加快我国应急产业链的发展。

政府首先应当建立一套完整的针对国内应急产业小微企业的考

核体系，按照一定的标准对小微企业进行分类。再按照情况的分类进行不同的税收减免政策。然后，相关政府部门应当根据国家法律法规，确定税收减免条件和具体减免数量、范围。这个法规应综合考虑国内应急产业发展现状，使每个小微企业都能获得合理、适当的帮助，切实有效的促进技术创新。最后根据企业的不同，对企业的营业税、个人所得税、增值税等进行不同程度的减免，以减少成本开销，使小微企业拥有更多的资金去进行技术创新。然而，税收减免并不是不交税，应建立相关的监督管理机构，监督企业内部缴纳税收的情况。

5.2.3　新技术首次推广的风险补偿的政策建议

(1)融资过程的风险补偿。

第一，信贷风险补偿。应急产业技术创新和成果推广的过程都需要大量的资金投入，但是新产品的研发、生产和推广的过程往往伴有高风险，这使得应急技术创新企业在融资过程中遭受较大的阻碍。为了保证应急企业技术创新的资金来源，降低应急企业技术创新的成本和风险，应由政府引导，多方合作，共同构建应急企业科技创新融资风险保障机制。应急企业科技创新中的资金风险主要应由政府、企业以及社会机构共同承担。政府设立应急技术创新研发风险补偿基金，对银行和担保机构进行风险补偿。在银行为应急企业发放贷款时，政府从风险补偿基金中抽取一部分款项，支付银行一定利息的风险补偿，由政府、企业、保险机构共同承担坏账准备，降低银行的放贷风险，使得银行更加愿意为应急科技企业提供贷款。此外，完善知识产权质押贷款的机制，设立知识产权质押物价值评估标准体系，促进知识产权质押贷款的实际应用，为拥有自主知识产权的应急科技企业提供更多的筹资机会。政府还应扩大应急科技企业贷款的覆盖面，满足我国应急科技企业的信贷需求。

第二，投资风险补偿。风险投资是应急科技企业在创业期获得资金的直接途径，是推动应急科技产业化、市场化的有力措施。目前，我国应急产业风险投资制度还不健全，投资机构的参与度不高，与发达国家还有一定的距离。政府应制定相应的政策鼓励风险投资机构对应急科技企业的投资，具体的做法是，首先，做好应急企业的风险评估工作，保证市场信息的透明度，为风险投资机构提供信息保障。其次，为风险投资机构的投资机遇一定的资金补偿，降低其投资风险。最后，充分利用应急产业科技融资平台，制定合适的税收政策，降低融资成本，增大市场效应。

（2）研发过程的风险补偿。

第一，应急科技企业补偿。应急产业新技术从研发到生产到销售，每一个环节都存在着风险包括，研究失败风险、研究设备损坏风险、科研人才流失风险，资金链断裂风险、技术失效风险，企业是这些风险的最直接承担者，一旦出现这些问题可能会对一个企业造成毁灭性的打击。应急产业新技术的研发周期很长，在短时间内无法看到经济价值，因此政府对应急科技企业的风险补偿应形成长效机制。地方政府应根据实际情况，制定适应地方应急产业科技发展的企业直接补偿政策，如发放奖励、贴息、购买应急科技企业债券等；此外，政府还应建设配套的应急企业风险补偿申报程序，从申报要求、风险评估、审批程序、资金运作、检查与监督多个方面进行标准化管理，确保制度的公开与透明，维护社会的公平。

第二，科技保险补偿。应急产业科技保险是保险公司依据应急企业科技创新中存在的风险设计的一系列理财产品，是较为有效地规避风险的手段。但设计的复杂性和管理的复杂性让应急产业科技保险在我国发展较慢。应急产业科技创新中涉及的人为社会因素很多，不确定性太大，保险公司因此承受的损失常常高于预期，常规的保险产品的精算方法、理赔标准在这里并不适用。政府应大力拓展应急企业科技保险业务，鼓励保险公司为应急科技企业设计开发专门性的应急企业科技保险业务，在原有的专利保险、职工保险、工程保险等险种上加以创新。政府对每一笔应急科技企业的保单进行审核，以一定的比例给予保险公司风险补偿。政府还要引导应急科技企业产生风险保障意识，激发其投保行为，利用经济力量为科技研发提供保障。

（3）经营过程的风险补偿。

《中共中央国务院关于加强技术创新发展高科技实现产业化的决定》提到：引导和鼓励政府部门、企事业单位择优购买国内高新技术及其设备和产品，换句话说，政府应以实际购买的方式对应急科技企业予以支持，成为具有自主知识产权的应急创新技术、产品和服务的第一顾客，降低企业在经营过程中的风险。新的技术和产品在首次推广时由于产品的认可度不高，消费者的需求不高，受到的市场阻力较大，政府在此时对应急企业的扶持尤为关键。

在实行政府购买是需要注意如下问题：首先要完善政府购买的制度。对于应急新产品的购买原则、购买规模、购买方式、资金来源等需要有详细的规定，保证信息的公开，不给腐败行为留有空间，拒绝地方保护主义，维护市场公平，保证运行效率。其次，进行政府购买之前要有评估机构和科技部门对应急科技企业进行评估和认定，对技术含量高、市场前景好、发展潜力大的产品予以支持，控制政府自身的投资风险。

5.2.4　安全文化与应急产业协同发展政策优化建议

本书从安全文化与应急产业的协同发展系统的主要影响因素出发，即社会市场环境、政策环境、科技环境、经济环境及企业因素，为安全文化与应急产业协同发展提出以下可行性建议。

（1）加大安全宣教，激发市场需求

市场需求是安全文化与应急产业协同发展的巨大引力。需求决定着供给，市场需求是应急产业发展的命脉，应大力探索全国范围内对应急产品的市场需求，扩大其市场空间。一方面，公众是应急产业潜在的巨大客户。政府应从安全文化宣教入手，致力于提升公众的安全意识，对公众的安全行为进行引导，加强对公众的安全文化宣传与教育，传播防灾救灾知识，提高人民的安全意识，有效培育和开拓应急产品和服务市场以及应急产业的市场需求。另一方面，企业是应急产业的有力消费者。政府应要求企业提高应急能力，对高危行业的应急能力做出严格规范，从而提高企业对应急产业产品和服务的需求。

（2）增强扶持力度，提高投资水平

政府扶持是安全文化与应急产业协同发展的有力支撑。一方面，安全文化作为一种社会群体性文化需要政府部门的积极培育；另一方面，应急产业作为承载着社会经济发展与民众安全需求的特殊产业，在我国社会主义制度下，只有受到政府的引导与扶持才能得到不断的发展。因此，政府应提高对安全文化的重视度，加大对安全文化的投入建设，倡导各地区积极培育展开安全文化相关活动。此外，政府应在方向引领、政策扶持、行业监管三个方面对应急产业发挥作用，积极进行政策保护、产业培育，加大资金投入，减轻应急产业税务，对中小型企业进行保障补贴，联合当地银行加大对应急企业的信贷惠利等方面加以扶持，同时，应建立健全相关管理制度，规范应急产业的发展，严格应急的质量监管与产品控制，提升应急产业的品牌效应，全力打造全国应急产业重点基地。

（3）积极交流合作，开展科技创新

科技水平是安全文化与应急产业协同发展的核心命脉。企业应被确定为产业技术创新的主体，应建立以高科技企业为中心，积极开展与科研机构和高校的合作，培育应急产业领域内的创新人才，在产业园基地内形成产、学、研一体化的技术创新发展体系。此外，应急企业间还应积极加强交流，建立合作关系，形成企业联盟，定期举办应急产品展会，引入国内外企业最新的科学技术，共同进行学习、研发、生产等方面的协作共赢，不断提升科技转化水平与产品性能。将应急产品进行优化升级，由事后救援型转型为超前预防型，打造体型小、功能积聚的多功能应急产品，并结合"大数据"、云计算等网络新兴技术，形成"互联网＋应急"的创新销售模式。

参 考 文 献

[1] Liu Jia, Xie Kefan. Preparation and scheduling system of emergency supplies in disasters. Kybernetes, 2015, 44 (3): 423-439.

[2] Liu Jia, Xie Kefan. Emergency supplies requisition negotiation principle of government in disasters. Kybernetes, 2016, 45 (8): 1174-1193.

[3] Liu Jia, Xie Kefan. Emergency materials Transportation Model in Disasters Based on Dynamic Programming and Ant Colony Optimization. Kybernetes, 2017, 46(4): 656-671.

[4] Liu Jia, Chen Yun. Simulation on Staffs Evacuation Behavior in Plant Fire Emergencies. Systems Research and Behavioral Science, 2014, 31(4): 527-536.

[5] Xie Kefan, Liu Jia, Chen Gang, Wang Pan, Chaudhry Sohail S. Group decision-making in an unconventional emergency situation using agileDelphi approach. Information Technology and Management, 2012, 13(4): 351-361.

[6] Xie Kefan, Liu Jia. Early-warning management of regional tourism emergency: a holistic approach. Kybernetes, 2014, 43 (3-4): 497-512.

[7] Xie Kefan, Liu Jia. Simulation on the governmental response of network public sentiment emergency: A case study of Sanya extortionate price seafood dinner event. Journal of Convergence Information Technology, 2012, 7(19): 554-561.

［8］Xie Kefan, Liu Jia, Chen Yun, Chen Yong. Escape behavior in factory workshop fire emergencies: a multi-agent simulation. Information Technology and Management, 2014, 15(2): 141-149.

［9］Wu D. Desheng, Liu Jia, Olson L. David. Simulation Decision System on the Preparation of Emergency Resources Using System Dynamics. Systems Research and Behavioral Science, 2014, 32 (6): 603-615.

［10］Wen Tianqi, Liu Jia. A "LINA" Management Mode in Response to Public Emergencies: Emergency management mode comparison between China and Japan. 11th International Conference on Innovation and Management, 2014. 11. 17-2014. 11. 19.

［11］刘嘉, 谢科范. 突发事件群体决策演化研究［J］. 系统工程, 2014, 32(12): 97-103.

［12］刘嘉, 谢科范. 非常规突发事件个体应对决策行为影响因素研究［J］. 软科学, 2013, 27(3): 50-54.

［13］刘嘉, 谢科范. 基于元胞自动机的非常规突发事件群体应对决策行为演化仿真［J］. 电子科技大学学报(社会科学版), 2013(2): 28-30.

［14］陈刚, 谢科范, 刘嘉, 吴倩. 非常规突发事件情景演化机理及集群决策模式研究［J］. 武汉理工大学学报(社会科学版), 2011, 24(4): 458-462.

［15］谢科范, 陈刚, 吴倩, 刘嘉. 非常规突发事件的集群决策［M］. 北京: 知识产权出版社, 2013.

［16］卜越, 刘冉, 黄敏, 刘嘉. 湖北省应急产业现状与"四化"发展模式分析［J］. 当代经济, 2017(13): 50-55.

［17］郭莹莹, 张弯弯, 王琦, 刘嘉. 湖北省应急产业链的结构优化与空间布局分析［J］. 科技创业月刊, 2017(5): 1-6.

［18］陈颙, 陈运泰, 张国民, 高建国, 吴忠良, 申旭辉. "十一·五"期间中国重大地震灾害预测预警和防治对策［J］. 灾害学, 2005(1): 2-15.

［19］袁志祥, 单修政, 徐世芳, 李金正, 李娟, 乔迎春. 地震预

警技术综述[J]. 自然灾害学报，2007(6)：216-223.

[20]丁将. 基于免疫传感器的便携式农药残留检测仪的研制[D].
山东理工大学，2014.

[21]王腾龙. 基于 GIS 的城市排水管网数据标准研究[D]. 云南大
学，2013.

[22]李为乐. 遥感与 GIS 技术在山区铁路工程地质勘察中的应用
研究[D]. 成都理工大学，2008.

[23]姚得利. 基于 GIS 技术的建筑实时监控系统的设计与实现
[D]. 吉林大学，2014.

[24]夏黄建. 城市供水管网水质预警系统的研究[D]. 湖南大
学，2008.

[25]白雪，周猛，柴静. 我国疾病预防与控制的现状及展望[J].
医学信息(上旬刊)，2010(9)：3313-3314.

[26]吴秀玲，吕元聪. 我国传染病监测的现状与展望[J]. 中国初
级卫生保健，2009(5)：69-71.

[27]董坚峰. 面向公共危机预警的网络舆情分析研究[D]. 武汉大
学，2013.

[28]范英磊. 分布式防火墙的研究与设计[D]. 山东科技大学，
2004.

[29]倪豪梅. 企业是自主创新的主体——关于改善企业自主创新
的几点建议[J]. 中国品牌，2007(11)：30-31.

[30]杨建全，梁华，王成友. 视频监控技术的发展与现状[J]. 现
代电子技术，2006(21)：84-88+91.

[31]梁彬. 公路桥梁铅销橡胶支座优化设计及其减隔震效果研究
[D]. 长安大学，2008.

[32]阎迪，郝爱萍. 功能性防护服及新材料应用[J]. 棉纺织技术，
2012(2)：65-68.

[33]朱华. 纺织新材料新技术及其在职业安全防护领域的应用[J].
中国安全生产科学技术，2013(11)：142-146.

[34]张兰. 88/12 棉锦混纺织物阻燃及阻燃拒水复合整理研究
[D]. 东华大学，2016.

［35］魏际刚．加快发展应急产业的思路和建议［J］．重庆理工大学学报（社会科学），2012（1）：1-6.

［36］陈伟珂，张崑．安全检测技术的现状与未来展望［J］．中国科技信息，2015（Z1）：17-18.

［37］施楣梧，李永海，张燕．特种防护用纺织品的开发及发展趋势［J］．棉纺织技术，2013（12）：66-68.

［38］侯培国，李宁，宋涛．生命探测技术研究现状与发展［J］．传感器与微系统，2014，33（7）：1-3.

［39］倪银堂，吕迪洋，王振豪．消防机器人的研究现状综述与展望［J］．自动化应用，2017（2）：28-29.

［40］孔繁余，罗鹏，胡俐．矿用变频高速潜水泵技术探讨［J］．水泵技术，2011（5）：17-19.

［41］张甲瑞，杨宏，褚卫忠．国内可移动式救生舱关键技术发展现状［J］．工矿自动化，2013，39（9）：36-39.

［42］刘岚，向洁，罗远芳，等．吸水膨胀橡胶的研究进展［J］．高分子通报，2006（9）：23-29.

［43］程宇，肖文涛．应急产业技术创新的金融服务需求及政策建议［J］．中国行政管理，2016（8）：100-104.

［44］吕雪．信息安全应急管理技术的研究与实现［D］．广东工业大学，2013.

［45］安丰光，罗旭，程承旗，濮国梁，宋树华．基于北斗卫星的应急响应信息传输策略研究［J］．测绘通报，2014（3）：12-16.

［46］周治武，赵勇，朱秀丽，赵婷婷，李然，朱杰．国家基础地理信息中心应急测绘保障服务现状与展望［J］．测绘通报，2015（10）：16-19.

［47］杨志同，李新雷，白桂敏，龚鲁燕，吕珊珊，孙永政．装备制造应急平台预案数字化应用探讨［J］．信息技术与信息化，2016（5）：120-122.

［48］吴爱明．基于CC 2420的无线传感器网络节能策略研究［D］．电子科技大学，2008.

［49］邓曙光，沈连丰，陈新辉，朱晓荣．大规模无线传感网中基

于能耗均衡的按需 QoS 协议[J]. 电路与系统学报, 2010(4):
75-81.

[50]王海涛, 李建州, 邹珊. 应急通信中 WSN 服务增强关键技术
研究进展[J]. 桂林电子科技大学学报, 2013(6): 447-452.

[51]廖明, 何杰, 潘媛芳. 基于移动 GIS 技术的应急服务系统设
计与实现[J]. 中国新通信, 2017(3): 78-79.

[52]宁新稳. 基于 Flex 技术的应急地理信息服务系统设计与实现
[J]. 地理信息世界, 2013(2): 74-77+82.

[53]赵元浩. 基于 GIS 的通用航空救援信息处理及仿真[D]. 中国
民航大学, 2016.

[54]闪淳昌, 周玲, 钟开斌. 对我国应急管理机制建设的总体思
考[J]. 国家行政学院学报, 2011(1): 8-13.

[55]唐林霞, 邹积亮. 应急产业发展的动力机制及政策激励分析
[J]. 中国行政管理, 2010(3): 80-83.

[56]刘艺, 李从东. 应急产业管理体系构建与完善: 国际经验及
启示[J]. 改革, 2012(6): 32-36.

[57]姚国章. 典型国家突发公共事件应急管理体系及其借鉴[J].
南京审计学院学报, 2006(2): 5-10.

[58]闪淳昌, 周玲, 方曼. 美国应急管理机制建设的发展过程及
对我国的启示[J]. 中国行政管理, 2010(8): 100-105.

[59]姚国章. 日本突发公共事件应急管理体系解析[J]. 电子政务,
2007(7): 58-67.

[60]王其藩. 系统动力学[M]. 2009 年修订版. 上海财经大学出
版社, 2009

[61]郑胜利. 我国应急产业发展现状与展望[J]. 经济研究参考,
2010(28): 10-17.

[62]佘廉, 许晶. 应急产业发展趋势[J]. 高科技与产业化, 2011
(3): 68-71.

[63]闪淳昌. 大力发展应急产业[J]. 中国应急管理, 2011(3):
17-19.

[64]邹积亮. 当前应急产业发展的突出问题与路径研究[J]. 经济

研究参考，2012(31)：47-51.

[65]国务院应急办应急产业和装备发展调研组．关于我国应急产业和装备发展现状的调研报告[J]．中国应急管理，2012(2)：10-13.

[66]吴舟，夏管军．企业技术创新的影响因素分析[J]．现代经济信息，2013(11)：108-109+125.

[67]王月明．战略性新兴产业技术创新影响因素研究[D]．哈尔滨理工大学，2014.

[68]王芳．企业规模、所有制对技术创新能力的影响研究[D]．中北大学，2014.

[69]李娜．基于系统动力学的我国企业技术创新研究[D]．长安大学，2012.

[70]欧绍华，胡玉松．基于系统动力学模型的企业技术创新动力要素研究[J]．经济经纬，2015(4)：109-113.

[71]唐震，张阳，张静．日本技术创新模式演化及对中国的启示[J]．经济研究导刊，2013(3)：202-205.

[72]张洁，高佛设．日本技术创新模式的演进与启示[J]．生产力研究，2011(11)：144-148.

[73]陈海华，谢富纪．日本技术创新模式的演进及其发展战略[J]．科技进步与对策，2008(1)：15-18.

[74]李春花．论韩国产业技术创新的阶段性与连续性[J]．科技管理研究，2011(19)：21-23+42.

[75]郭熙保，文礼朋．从技术模仿到自主创新——后发国家的技术成长之路[J]．南京大学学报(哲学．人文科学．社会科学版)，2008(1)：28-35+142.

[76]顾菁，薛伟贤．高技术产业协同创新研究[J]．科技进步与对策，2012(22)：84-89.

[77]汪秀婷．战略性新兴产业协同创新网络模型及能力动态演化研究[J]．中国科技论坛，2012(11)：51-57.

[78]吴绍波，龚英，刘敦虎．知识创新链视觉的战略性新兴产业协同创新研究[J]．科技进步与对策，2014(01)：50-55.

[79]张忠凯. 品优势 思安危 在"危"与"机"中孵化出应急产业——军民融合式的湖北军工应急产业发展之路[J]. 中国军转民, 2013(07): 36-39.

[80]张纪海, 杨婧, 刘建昌. 中国应急产业发展的现状分析及对策建议[J]. 北京理工大学学报(社会科学版), 2013(1): 93-98.

[81]佘廉, 邹积亮, 唐林霞. 基于国家应急能力建设的应急产业政策研究[J]. 中国应急管理, 2009(4): 18-22.

[82]刘钊, 李铭. 我国应急产业发展的现状、问题与建议[J]. 行政管理改革, 2012(3): 48-51.

[83]姚广宁, 吴辉凡. 国有军工企业军民融合研究[J]. 西安电子科技大学学报(社会科学版), 2008(3): 92-97.

[84]贺新闻, 侯光明. 基于军民融合的国防科技创新组织系统的构建[J]. 中国软科学, 2009(S1): 332-337.

[85]王翔, 潘郁. 基于云计算的协同技术创新平台[J]. 计算机工程与应用, 2011(15): 57-60+82.

[86]郭亚军, 郑华敏. "互联网+"背景下科技企业技术创新管理模式研究[J]. 经济研究导刊, 2016(13): 13-16.

[87]Lee T R, Harrison K. Assessing safety culture in nuclear power stations [J]. Safety Science, 2000, 34(1): 61-97.

[88]Zohar D. Safety Climate in Industrial Organizations: Theoretical and Applied Implications [J]. The Journal of applied psychology, 1980, 65(1): 96-102.

[89]谭洪强, 吴超. 安全文化学核心原理研究[J]. 中国安全科学学报, 2014, 24(8): 14-20.

[90]国家安全生产监督管理总局. 国务院办公厅关于印发安全生产"十三五"规划的通知. http://www.chinasafety.gov.cn/newpage/Contents/Channel_21356/2016/1218/280478/content_280478.htm, 2017-02-03.

[91]国家安全生产监督管理总局. 中共中央国务院关于推进安全生产领域改革发展的意见. http://www.chinasafety.gov.cn/

newpage/Contents/Channel _ 21356/2016/1218/280478/content _ 280478. htm, 2016-12-18.

[92] Wang B, Wu C, Kang L G, et al. Work safety in China's Thirteenth Five-Year plan period（2016-2020）：Current status, new challenges and future tasks［J］. Safety Science, 2018, 104(4)：164-178.

[93] 田水承，景国勋. 安全管理学第2版［M］. 北京：机械工业出版社，2009.

[94] 曾健，张一方. 社会协同学［M］. 北京：科学出版社，2000.

[95] 王秉，吴超. 安全文化建设原理研究［J］. 中国安全生产科学技术，2015(12)：26-32.

[96] 刘春年，刘宇庆，刘孚清. 应急产品消费者信息搜索行为研究［J］. 图书馆学研究，2015(09)：65-75.

[97] 朱益平，刘春年. 应急信息的数据准确性测量框架研究［J］. 图书馆学研究，2017(13)：60+90-94.

[98] 何新华，杜亚涵，汪晓倩. 应急服务供应链结构对应急资源整合的影响研究［J］. 南京工业大学学报(社会科学版)，2014，13(1)：122-128.

[99] 何允允，何新华，郑爱兵. 多灾害点应急物资订单替补模型及算法［J］. 数学的实践与认识，2017(20)：58-66.

[100] 孙健，裴顺强，缪旭明. 现代科学技术在应急监测预警中的应用［J］. 中国应急管理，2011(7)：48-52.

[101] 肖敏，何新华，胡文发. 突发事件下应急服务供应链的期权协同决策［J］. 山东大学学报（理学版），2015，50(11).

[102] 郑立新. 应对工业下行压力，做好运行监测协调工作［J］. 中国经贸导刊，2016(3)：33-33.

[103] 莫于川. 学校突发事件应急管理与应急法制探讨(笔谈)：我国平安校园、和谐校园建设的法治路向——兼谈学校突发事件应急管理与应急法制研究的背景［J］. 哈尔滨工业大学学报：社会科学版，2011，13(3)：24-26.

[104] 魏际刚. 智慧物流发展 推动物流业变革［J］. 物流技术与应

用，2018，23（07）：60-61.

[105]王铮，荣莉莉. 应急响应逻辑流程构建及其应用研究［J］. 中国安全生产科学技术，2015（2）：62-70.